家國如斯

趙怡兩岸札記之三

趙怡 著

自序

有人說「時間」是世上最殘酷的事，它能讓年華老去，讓感情生鏽，讓友誼變質；不過，換個角度看，時間也會把現實際遇裡的傷痕鈍化成平淡與釋然，將生命中看似平凡的片段，昇華為記憶底層的甜美感受。

二〇〇七年夏天，我由台北赴上海「落戶」，直到二〇一六年底結束教職重返家園。三千個日子不算太長，但歸程的行囊中卻盛滿了溫馨的回憶以及深刻的感觸，尤其有幸親眼見證東方大國的迅猛崛起，親耳聽聞睡獅乍醒的呼嘯連連，既震撼又驚喜又欣慰，當然，免不了還帶著幾分惶恐。

回到台灣一年，感受同樣深重，只不過忐忑、焦慮與迷惑掩蓋掉返鄉的喜悅。八年多來，台灣除了城市的面貌依舊之外，整個社會都在改變，而改變的本質係建立在否定既有歷史文化價值觀的軌道上，至於背後推動的能量則被稱做「翻轉」。本來，由傳播新科技所啟動的知識爆發與資訊平權運動，就為紊亂的公共意見平台開闢了蹊徑，而歷屆執政者偏差的作為或顢頇的不作為更為政府失能、社會失序扮演推波助瀾的角色。短短兩三年的時間，台灣毫無止境地陷入世代、藍綠、勞資、性別、新舊，乃至於國家定位、民族認同的全面翻轉之中。

這是一場透過飾詞包裝的「文化大革命」，參與者盡皆被賦予使用語言和肢體暴力整肅非我族類、消除異議雜音的自由和權利。可惜的是，它將難以翻轉台灣的頹勢，只能繼續翻轉兩岸的消長與興衰。

回想一九七七年秋天，我奉派美國洛杉磯工作，主要的職責是結合當地僑學界及美國友人，共同捍衛中華民國的生存權，冀使處於外交風暴中的「自由中國」不致被國際社會邊緣化。平心而論，我們的任務誠屬「逆勢操作」，但是當計畫推動起來，並未感到窒礙難行。主要原因在於，兩岸政權良窳對比強烈，嘗被視為民主政治與共產專制之爭，也宛如一場經濟奇蹟與民生凋敝、自由寶島與極權統治、祥和社會與鐵幕牢籠之間的競賽。縱使中華民國的環境險惡，局勢不利，資源缺乏，海外戰場上的同仁個個鬥志旺盛，信心十足，以致「務實外交」的策略終能在國際間靈活運用，伸展自如，且範圍更廣泛、成果更豐碩。

四十年後的今天，海峽兩岸強弱易位。大陸社會逐漸擺脫落後、貧窮、無知、短視、公義不彰、貧富懸殊的景況，朝向經濟繁榮、百業興旺、科技領先、教育普及的目標快速前行，而新的領導團隊由於治國有方，普遍贏得人民的信賴和擁護。反之，曾經占盡上風的台灣，此刻卻落得個內政失調、外交頓挫、經濟停滯、族群對立的窘境，年輕一代看不見未來的希望。

距今一千多年前，從一邦之君淪為亡國奴的南唐詞家李煜，曾以一首〈破陣子〉寫出他滿懷的憂憤與抱憾：

四十年來家國，三千里地山河。鳳閣龍樓連霄漢，玉樹瓊枝作煙蘿，幾曾識干戈？一旦歸為臣虜，沈腰潘鬢消磨。最是倉皇辭廟日，教坊猶奏別離歌，垂淚對宮娥。

或許時空、人物、境遇大不同，使我輩後人無法全然體會作者對家國陷落、山河變色的苦澀心情。不過，單單就滬居八年期間往來兩岸的見聞，也難禁我對家國的今昔滄桑發出一聲深長的喟嘆呢！

本書雖為「兩岸札記」之三，其內容多偏重於回台後對政治與社會現象的省思，更由於最近已從所有公私職場「裸退」之故，得以較多時間接觸此地的人事物，乃亟思就眼下台灣所面臨之若干問題提供芻蕘之見，以聊盡言責，姑且算是以無用之身再做點有用之事吧！

趙怡

二〇一七年十二月寫於台北

目錄 Contents

政治篇

社會篇

兩岸篇

●兩岸高教比一比

為了「經費透明化」，大陸高校連續第四年公布財務收支，北京清華大學以人民幣一百八十二億年度補助款再度蟬聯「首富」，餘如北大、浙大、上海交大等校也都躋身「百億俱樂部」。不知這等身家與殊榮看在台灣教育工作者眼裡，會不會又羨又妒？台大執國內學術界牛耳，去年總收入也不過一百六十億台幣，只相當於清華的六分之一，而兩校的學生人數同為三萬三千人！

一九九〇年代後期，中國政府先後啟動「211工程」及「985工程」，目標是面向二十一世紀，集中國家資源建設重點大學，並擇優推向世界名校之林。近廿年來的努力，固有成效，但也遇到不少瓶頸。

一是名過於實的品牌效應。頂著「211」或「985」光環，「名牌」大學得天獨厚，以致過度熱中於爭搶資源、擴充預算，已造成浮誇形象。以「211」重點大學來說，共一一二所，約占公立高校總數一五%，卻斬獲七五%政府補助款。其中少數頂尖學府有如天文數字的經費收入，是否被有效運用，也值得懷疑。我個人在大陸執教的體驗是，陳腐的官僚體制和僵化的管理模式依然盤據其中，並未消褪。

二是量重於質的學術成果。根據「兩岸四地高校評鑑報告」，「辦學經費最多」的前十名學校中，大陸占六校，台灣只有一校；「科研經費最多」的，大陸占八校，台灣也只有一校；不過，在「期刊引述數量」排名上，大陸僅一校列名，台灣則有四校上榜；「博士教師比例」一項，沒有任何陸校入選，台灣的大學卻囊括前十名中的九名。可見，全中國公私立高校雖逾兩千多所，但平均素質不及台灣。

三是閉而不興的校園文化。學校監管嚴謹，致校園缺乏朝氣，學生活動無法蓬勃發展，針對公共政策與民生議題的觀念交流與討論思辯尤為少見。我總以為，高等教育的功能除了傳道、授業外，更以解惑為首要。若年輕人對世事的困惑在學校無從開解，即可能轉向網路找答案，或到了離校時把疑問帶進更複雜的職場與其他社會場合，無意間種下反社會行為的因子。

至於台灣方面，也在本世紀初推出五年五〇〇億台幣補助一流大學的「邁向頂尖大學計畫」，旨在強化高水準學術研究。儘管補助金額的大小懸殊，但採取重點耕耘政策推展「高教優質化」，以帶動整體社會前行，似已成為兩岸政府難得的「共識」。

如果把兩岸「維持現狀」看做一場未來國力的和平競賽，那麼，高品質人才的養成教育則為勝負的關鍵。目前看起來，雙方互具擅場，也各有隱憂。台灣環境自由活潑，校園民主蔚然成風，青年學子多了一份達觀自信，能為多元社會注入更多創意和活力。擔心的是，眼下無止盡的政治紛爭、管窺式的國際觀點與淺碟型的文化時尚，會窄化新世代族群的胸壑眼界；至於大陸，近年國力大興，政府強勢推動高教升級與科研起飛，不久必將躍為學術大國。此刻當務之先，除了充實師資之外，教育行政體系的大幅革新，包括校園民主素養的提升，已迫在眉睫。

當然，和平競賽的最理想結局，應該是兩岸都人才輩出，成就非凡，足以俾倪歐西，傲視全球，則二十一世紀才真正屬於全體龍的傳人。

●文化的中國，政治的台灣

二〇一六年六月間搭乘高鐵赴廈門出席論壇，順道尋訪山水名勝，沒料到無心插柳，飽餐了一頓文化饗宴。

第一站去了江西婺源，是一座位處贛皖浙邊境的偏鄉小城，因為每年三、四月間盛開的油菜花豔絕天下而闖出個「中國最美鄉村」的萬兒。初夏時分，已看不到油菜花海的美景，但車子一駛入鄉間，只見滿坑滿谷、無垠無涯的茶園，在高低起伏的坡地上布滿濃濃的綠意。當地人告訴我們，為了保護純淨的青山綠水，婺源不歡迎工廠落戶；又為了傳承歷史文物，當地政府保留所有具有文化價值的街坊遺址，還規定新建築物一律採用粉牆黛瓦、飛檐勾角、曲院荷塘的皖系風格，以維繫古鎮的原貌。我們乘纜車攀上半山腰的江嶺，再沿著羊腸小徑蜿蜒而行，觸目皆是古樸雅緻的市集店鋪，宛如走進了千年一瞬的時光隧道。

回程時經過武夷山。大伙兒搶著坐上了嚮往已久的排筏。暢快地漂浮在「九曲十八彎」的溪流裡，一面聽著舟子講述傳說中的神仙故事，一面欣賞舉世無雙的奇景，左右岸邊全是千仞絕壁，蒼峰巨岩，氣勢雄偉，渾然天成，到此一遊者莫不感嘆天地造化之神妙。武夷山是全球同緯度的自然環境保護區中，維護最完善的生態系統，擁有兩千五百多類植物物種，近五千類野生動物，絲毫未受到工業污染的侵襲。它的文化遺產也不遑多讓，自秦漢以來，就是羽流禪家棲息之地，留下多處宮觀、道院和庵堂遺跡。我們瞻仰過宋儒朱熹的書院，眼前又出現一堵斑駁的銅牆，鐫滿詩詞歌賦，原來竟是詞家柳永的祠堂，為此行增添了另一個意外的驚喜。

在兩地停留期間，都有歌舞表演可看。婺源的「夢裡老家」，以古詩詞配樂為襯底，細訴一段淒美絕倫的愛情，優柔婉約，令人動容；武夷山的「印象大紅袍」，係張藝謀的力作，他以「人工自然融為一體」的獨門手法，烘托出萬古以來「茶」與「人生」之間纏綿悱惻的不解之緣，視聽效果震撼全場。身處邊陲聚落中，還能坐在現代化的劇院裡觀賞高品味藝術表演，直叫我們為一齣代表台灣精神的定目劇至今難產，感到汗顏無地。

台灣，曾經被公認為中華優美文化傳承與發揚的寶地，幾十年來孕育的書香社會與君子之風，早已成為「台灣最美的風景」；相較之下，歷經浩劫的大陸社會，就顯得閉塞落伍、粗鄙不文了。可是近幾年來，雙方在維護固有文化的努力上背道而馳，主從易位。台灣在全民民主與社會運動的激越浪潮中，逐漸演變為高度政治化的社會，邇來又在政黨鬥爭與世代翻轉的牽動下，傾向於切斷傳統中原文化的臍帶，不惜把國家型態轉向狹隘的小島格局，讓下一代在文化斷層中成為失根的蘭花；反觀大陸方面，朝野人士同心致力於保存歷史遺產與傳統倫理價值觀，正一步步奪回傳續中華文化的主導權，兩者形成強烈對比。

文化，是民族的凝聚力，國家的立足點，社會教化的準則，人民生活的全部內容。我相信，任何為了爭奪政治權力而削弱固有文化根基的作為都將對群體本身的融合與發展造成傷害。

自五二〇以迄，兩岸關係懸宕低迷，前景如何尚難以逆料，不過「兄弟登山，各自努力」，彼此間的和平競爭仍在繼續進行。倘若未來的賽局將是一個「文化的中國」與一個「政治的台灣」對陣，成敗如何，似乎已見端倪。

●雙城論壇有助兩岸回溫

二〇一六年五二〇後兩岸關係急凍，第七屆台北、上海雙城論壇也一度傳出可能生變，總算在台北市長柯文哲積極釋放善意後，順利在台北舉辦。

上海，是中國最大城市，常住人口兩千四百萬，超過整個台灣，土地面積六三〇〇平方公里，約為大台北地區的二十三倍，目前是全中國經濟中心，產值占總量百分之四，重要產業包括商貿流通、金融、信息、房地產等，皆欣欣向榮，蓬勃發展，且自改革開放以來，世界百大工商集團爭相進駐黃浦江兩岸，進一步將「十里洋場」塑造成一座頂尖的現代化大都會。反觀台北市，固然也稱台灣政經、文化中心，但和這顆超大型的東方明珠相比，難免黯然失色。本屆雙城論壇如期召開，對於正在大步走向國際舞台的台北來說，應該是值得欣慰的事。

去年論壇籌備期間，一位上海友人向我打聽柯文哲其人其事，也徵詢我對他即將帶團訪滬的看法。我以一名台北市民的身分，坦誠以告。我認為，台北市為首善之區，住民知識水準高，也較為理性，對於兩岸往來多持正面態度，尤其大上海地區的台商、台生以及暫居台民人口達數十萬之眾，雙城論壇的定期召開實乃順理成章之事；至於柯文哲本人固然性情獨特，行為舉止異於常人，但從其學經歷看來，應屬智商高、善謀略、具有自我調適能力之人。自民進黨全面執政後，柯市長仍然高唱「兩岸一家親」論調，公開表示「兩岸來往凍結，總要有個解凍的地方」，乃主動爭取論壇賡續舉辦，才打破僵局，挽回雙城之間僅有的官方溝通機制。表面上看起來柯P是政治素人，在兩岸關係上展現出難得的擔當，不過，為了掙脫民調低迷的困境而奮力一博，恐怕才是幕後決策的真正考量。

平心而論，中共政權向來高舉民族主義大纛，在國際上對列強的態度尤其強硬。但面向台灣時，基於彼此血脈相連，始終以仁義待之，不斷釋出善意，即使備受反中浪潮的撞擊，依然百般忍讓以維持雙方起碼的互動關係，直到二〇一六年五二〇民進黨上台後露出明顯「親美遠中」的獨派立場，才讓北京方面的期待跌入谷底，而兩岸之間也由熱而冷，甚至有重返隔海對峙局面的可能。任何明眼人都看得出來，如果蔡英文政府繼續以意識型態作為治國方針，任令兩岸關係惡化下去而不加改善，對於台灣的未來必然有害無益。

中國大陸不僅是台灣最大出口市場與對外投資地區，也是最主要觀光客源所在。二〇一五年陸客來台人數（不含港澳）達四一八萬人，占境外觀光客總數四〇%。如今，兩岸關係生變，陸客人數銳減，旅遊產業一片蕭條，網路上竟有人PO文大讚「沒有陸客的台灣山水多麼清淨」！相信這絕非台灣人「阿Q精神」的表現，而是出自別有居心者的違心之論。

近來，全球風雲緊急，中美兩強劍拔弩張，台灣與大陸一水之隔形同脣齒，何必過分向老美傾斜而捲入紛爭？所謂「曠安宅而弗居，舍正路而不由，哀哉」，執政者豈可不引以為戒？雙城論壇以城市交流重啟對話，或將有助兩岸關係回溫。柯文哲促其實現當居首功，而他同時也在聲望下滑之際點燃市政新亮點，得以重振個人形象，其政治智慧令人刮目相看。

●誠意相待，就不怕受傷害

大陸來台觀光人數逐月下滑，國內旅遊業大受影響。二〇一七年八月份與二〇一六年相較，陸客人數減少百分之三十二，熱門景點如日月潭、阿里山等處，業績跌到不足一半，展望未來，尚不知伊於胡底。二〇一七年九月十二日觀光業者走上凱道，沉痛的呼聲引起各界關注。同情者莫不認為陸客止步對台灣觀光業，乃至整個民生經濟將造成重創，政府必須有所因應。

迴響中也包含反對立場，主張陸客減少是福不是禍，根本無需刻意補救，其主要理由如下：第一，「前朝政府急於推動兩岸交流，把惠台紅利當作政績，造成台灣對大陸市場的過度依賴，如今旅遊業的窘境正是錯誤政策的惡果，若新政府蕭規曹隨，即便能挽回陸客熱潮，只要兩岸關係生變，我方利益仍將化為烏有」。其實，在今日世界中，任何國家都無法自外於緊密的國際經貿關係，尤其是以出口為主的海島經濟！難道說，台灣的外貿夥伴都應被視為「依賴的對象」而具有潛在威脅嗎？新南向政策將貨貿出口由中國轉向東南亞國家，就能降低「過分依賴」的風險嗎？平心而論，爭取大陸商機絕非飲鴆止渴，倒是棄守對岸市場才屬因噎廢食之舉！

反對者一定會說：「中國對台灣懷有敵意，與其他國家不同，我們和對岸過分接觸，無異與虎謀皮，終將受害」。說起「敵意」，中國對台灣，比得上對日本嗎？從二〇一六年起，大陸「十一」連假出國旅遊目的地，日本已取代台灣、韓國，成為第一選擇，可見中日政府間的對抗局勢並未沖淡陸客前往扶桑一遊的熱情，也間接證實了大陸海協會長陳德銘所言，「北京並未力阻遊客入台，可能是近來台灣社會種種『反中』言行引發大陸民眾反感，才導致遊台意願降低」。

第二個說法是：「大陸不忘對台統戰，經貿惠台政策純係「以商逼政」，最近泛藍八縣市首長聯袂登陸，就是被中共利用的例子」。其實，兩岸從八〇年代恢復往來後，大陸方面始終堅持「一個中國」原則，朝著「國家統一」目標邁進；台灣則以謹慎、緩進的態度提出「一中各表」以維護既有的主權地位。經過廿餘年的磨合，雙方總算協商出來一個「九二共識」的模糊框架，作為在現狀下和平發展的基石。蔡政府上任前後，口口聲聲要維持現狀，卻又執意變動兩岸既定的默契，如此怎能把關係急凍歸責於對岸？

第三個理由來自於網站，曾有人PO文嗆聲：「陸客素質太差，所到之處帶來環境與噪音污染，破壞台灣好山好水」。惟根據國際觀光旅遊組織的數據，中國每年出境旅遊人數在近五年內雙倍成長，已達一億兩千萬人次，亦即每十名全球觀光客中，就有一人來自中國。二〇一五年，海外旅遊花費排名首位的國家也是中國，計二一五〇億美元。近年來，連歐美、日本等先進國家都張開雙臂迎接陸客蒞臨，而近在咫尺、同文同種的台灣卻拒人於千里之外，這不是政治偏見，又是什麼？

此外，亦有人批評陸客來台觀光的產業鏈採用「一條龍模式」，對本地業者不盡公平，也降低台灣觀光產業的整體品質。凡此皆屬技術性問題，改善之道也操之在我。例如，台灣觀光景點比起同在亞洲地區的星馬港泰，顯得樸實無華，不夠閃亮，旅行社嘗以低價吸客，衍生出觀光團員素質偏低、沿途購物頻繁等惡性循環現象。交通部觀光局職責所在，理應全力擴展觀光資源並試圖建立可大可久的市場規則，但在效果顯現之前，就把陸客棄之為敝屣，絕非負責任的作法。

觀光事業乃服務業且代表國家門面，所謂「有朋自遠方來，不亦樂乎？」一面對那批心儀寶島風情的大陸遊客，只要誠意相待，就不怕受傷害。

●北大與台大

初秋的北京金風送爽，景色怡人，應友人之邀做了一趟古都行，也順道跨進北大校園溜達一番。闊別十餘年重遊斯地，感覺上景觀依舊，人事物變化不大。緩緩漫步在校園裡，耳邊依稀響起百年前愛國學生抗議遊行的喧嘩聲，觸目所及的仍是一群群孜孜不倦於傳承道統的當代中國知識份子。直面東方大國的快速崛起，蒼樸優雅的北大似乎刻意展現出一副冷然以對的態度，以靜觀其「變」。

一九四九年，兩岸因內戰一分為二，當時有相當一部分北大人跟隨國民政府來到台灣，繼續從事教育工作，其中的佼佼者多半被羅致進入台灣大學任教，像前北大校長傅斯年，成為政府遷台後首任台大校長，一年多的任期中，他把蔡元培在北大所樹立的自由學風徹底植入台大的校園；近代哲學思想巨擘胡適，也先後在北大與台大執教；歷史上任期最久的台大校長錢思亮，來台之前曾在北大擔任教務長；餘如台大歷史系的羅家倫、姚從吾，中文系的陳平原、毛子水、還有國學大師臺靜農等等都是北大出身的大師級教授。早期的台大校園群賢雲集，造就人才無數，至今在各行各業中，頭角崢嶸，占盡優勢。台灣自從總統直選以來，得以高票勝出、登居大位的政治領袖如李登輝、陳水扁、馬英九、蔡英文，無一不是台大畢業生，台大人的驕傲可謂其來有自！

過去數十年以來，北大與台大分執兩岸高校牛耳地位，是眾所公認之事，惟近年來，兩校學術發展的成就卻背道而馳，且差距快速拉大。從最新的世界大學評鑑排行榜來看，北大已穩居二十名上下，而台大卻如滑樓梯般跌至二〇〇名左右，甚至被香港、新加坡的名校遠拋於後。原因之一，在於大陸的國力、人力、財力都大幅趕過台灣，權力集於一身的中共中央一旦決定要推動教育改革，打造「超英趕美」的國際前沿大學，便能傾舉國之力以完成使命。二〇一六年中國的清大、浙大、北大及上海交大，每年所獲政府經費補助均超過一〇〇億人民幣，其中清華大學居冠，達一八二億人民幣（約八二〇億台幣），而學生人數、學校規模相仿的台大，在台灣算是得天獨厚，備受優遇，也僅由政府補助一六〇億台幣，與北京的清大相差五倍有餘。

其次，大陸從一九七八年改革開放後實施留學政策，目前正是人才豐收季節。四十年來，卓然有成的海歸學者紛紛回鄉服務，獻身百年樹人的事業，累積出可觀的成果；反觀台灣的留學人數逐年下降，再加上社會紛亂和經濟停滯造成高端人才大量外流，導致兩岸名校之間從平分秋色的局面，演變為優劣立判的態勢。

前幾天，大陸電視歌唱團體在台大校園進行交流，突然爆發學生抗議、統獨互毆的流血衝突事件，引起各界議論。遙想傅斯年校長訂定「敦品、勵學、愛國、愛人」為台大校訓之時，對師生們的剴切期許，再放眼時下政治污染校園、學生鼓動民粹、師道尊嚴蕩然的亂象，怎不令人慨歎！而台大人想要重振往日榮光，更顯得機會渺茫。

●兩岸重燃戰火，所為何來？

蔡英文總統就任後頻頻訪視三軍部隊，顯示其對國防戰備之重視；跨年前夕她在陸軍航特指揮部視察後表示：「陸軍是嚇阻敵人侵入、保護國土安全的堅實戰力，相信在遭逢外敵入侵時，絕對可以捍衛國家、保護民眾。」

這段話語，在「漢賊不兩立」時代，可說是最高統帥勗勉國軍官兵的「標準辭令」，近年已少有聽聞；如今，在兩岸關係緊繃，共軍威嚇動武的時空背景下，又出於國家領導人之口，頗值得玩味。首先，蔡總統用到「敵人」、「入侵」等字眼，矛頭當然指的是對岸，而在公開場合把大陸定位為敵，其意義遠超過兩岸關係冷熱的層次，擺明了雙方已進入軍事敵對狀態，以致連日來國軍將領紛紛應聲表態，誓言抗敵護土。值得注意的是，此一情勢與國共鬥爭不同之處，在於昔日為兩個政黨間的「內戰」，而目前民共之間，卻更像一場「國與國」的對抗。這也正是近來大陸鷹派人士態度愈發「抓狂」的主要理由。

其次，兩岸一旦棄和言戰，對台灣來說，關乎全民的身家性命；對大陸而言，危及民族融合與復興的終極使命，故雙方均不應等閒視之，宜以更為冷靜與理智的態度務實面對。

此刻雖不到劍拔弩張的地步，但台灣的損害已現。除觀光、農漁業產值急遽萎縮外，經貿、科技、文創、電商等雙邊合作亦逐一停擺，台商尤其處境堪憂；外交陣線失一友邦，另有多處示警，若不甘淪為「東亞孤兒」，唯有重拾「凱子外交」模式，至於「美日台聯盟」的構想，縱獲川普力挺，我方必將付出加碼採購美、日產品的巨大代價。

不過，大陸方面若決定與台灣正式決裂，也將有害無益；不但太平洋島鏈上多了個「敵國」，卅年來兩岸的破冰、三通、互訪、合作及惠台措施所累積的可觀成果，以及苦心營造出來的歷史機遇盡付東流，更是無可彌補的創傷。

面對僵局，問題的焦點是何以致之？孰令致之？兩岸官方各執一詞，互控對方破壞現狀。唯真正的引爆點，應在於蔡政府不肯認同「九二共識」，而被對方解讀為蓄意毀棄共同政治基礎，且係受制於台獨勢力之故。蓋既云「獨立」，兩岸即變成「不同的國家」，甚至「不同的民族」，於是「統一」被視為「併吞」，「交流」被稱作「統戰」，「中共」乃成為「敵人」。如此，則雙方核心價值幾無交集，衝突必不可免。

姑且跳脫統獨窠臼，回到理性思考。試問兩岸果真化友為敵，台灣又能爭到什麼？一，能實現「獨立」嗎？機會幾近於零。況且中華民國本來就擁有自主權，北京無意干預，更未限期促統；二，能提升「尊嚴」嗎？似乎無此需要。以大陸全球超強地位，過去與我往來都儘量放低身段，奉行對等原則，就連讓利給台灣，亦以「共創雙贏」為名，避免平等互惠關係變調；三，能保障「安全」嗎？恐將適得其反。在「九二共識」保護傘下，台海一直風平浪靜，只有任何一方妄踩紅線，才可能導致戰禍臨頭。

我自幼成長於軍人家庭，感受過戰爭的肅殺氣氛。一九五〇～六〇年代，台灣幾度瀕臨風暴，幸在世局變幻及國軍奮勇犧牲之下，才暫時化險為夷，直至晚近國共停火議和後始臻於安定。眼前的和平實得來之不易，兩岸欲重燃戰火，不知所為何來？

名作家海明威曾說：「不論其必要性或正當性如何，戰爭就是犯罪。」史坦貝克更把戰爭描述為「人類失去思考能力的症狀。」兩岸的下一代或許缺乏對戰爭的體認，卻有權拒絕懵懂地成為武力犯罪的受害者。

●尊重全民福祉，破解兩岸僵局

春節期間與一群台商友人在台北歡聚。從大夥兒的神色中看得出兩岸情勢驟變所造成的人心浮動，現場話題離不開新政府的大陸政策何去何從？美中台的三邊關係如何演變？當然，最受關注的還是台灣的安全是否會受到危害？眾說紛紜中，未有定論，但多數與會者對最近發生的一個現象，皆有同感，那就是——越來越多的台灣新世代立志往大陸闖事業，求發展；越來越多長住大陸的台胞決定告老還鄉，返台定居。

此一趨勢並不難理解。以今日大陸的國際地位、經濟實力、市場規模以及相對亮麗的發展遠景，任何一名眼界寬廣、志在千里的社會新鮮人都可能受到吸引，前去一展身手；反之，早年即遠赴對岸打天下的「拓荒者」，如今年事已高，又面臨著當地勢力崛起台商優勢不再、城市物價飆漲造成生活壓力，以及兩岸關係乍暖還寒無所適從等不安因子的威脅，遂萌生不如歸去的念頭。

值得強調的是，年輕人懷抱高度熱情到大陸創業、任職或進修，並不意味著他們認同共產體制或統一路線；同樣地，大批「鮭魚返鄉」的人潮，也未必就是本土分離意識的支持者。換言之，選擇「西進」或「東歸」，人們只是在不同生命階段中尋找最適於安身立命的所在，為當下的自己謀求最大的福祉。

這個發現，使我更加感受到人民自由意志的可貴，也體會到實現人生幸福的價值感。政府理當顧全民眾意願，並深刻認識到唯有全民利益獲得滿足才是執政權力的支柱。故此，化解兩岸的糾紛，宜盡量淡化其政治色彩，尤其不可將主政者的意識形態置於民眾的福祉之上。

現階段台灣人民的福祉，當然以和平與安定為至要；有了和平安定，社會才能進步繁榮，民主也將持續開花結果，我們的後代子孫始得以盡情發揮所能，開創燦爛人生。

然而，此刻海峽波濤洶湧，該如何防止凶險之發生？若回頭檢視兩岸間的齟齬，有相當部分應歸咎於雙方的「政治語言遊戲」。早在李登輝時代，對方喊出「一國兩制」，我方則回應「一國兩府」；馬英九時期，對方堅持「一中」，我方則緊抱「各表」；如今，對方固守「九二共識」，我方則改稱「九二事實」。為了一、二字之差常須費力「磨合」才取得諒解，可惜這次對陣，由於民共互信不足，釀成意氣之爭，遂使兩岸關係倒退廿年！

解套其實並不難，只需雙方議定一個彼此認可的交集，作為「共同政治基礎」。我認為，不妨從三個層面尋思。第一，共同的民族血脈。兩岸人民同為黃炎子孫，華夏兒女，這是祖先在你我身上留下的生命印記，不可磨滅；第二，共同的歷史淵源。台灣多數居民的先人源自閩粵一帶，此後的新移民也都從中原各省遷來，凡此均見諸史冊，無法否認。

第三，共同的文化傳統。數百年來，台灣與中土分多合少，且體制各異，致人民在若干思想觀念上出現分歧，但對於中華文化的體認與實踐，則不分畛域，殊途同歸，而台灣在固有文化的傳承方面，成果更優於大陸，為世所公認。綜上所述，兩岸社會擁有極大交集和重疊空間，要找到一句意涵可為雙方同意的「政治術語」以重啟往來之門，有何難處？

新春伊始，我們期盼兩岸領導人發揮智慧，破解僵局，念在蒼生福祉，復修和平基石，再創雙贏宏規。

●大陸快速變遷，台灣瞠乎其後

民國六、七〇年代，台灣經濟高度發展，每次回國都看到社會面貌在變遷，步調之快連先進國家也瞠乎其後。如今，同樣的印象則適用於中國大陸。離開十個月後再訪上海，又見一番嶄新氣象。感到心驚的是，眼中的大陸不僅在「硬實力」上領先台灣，就連我們引以為傲的「軟實力」優勢，也在彼進我退中消蝕大半。

舉幾個身邊的例子。過去大陸的流行音樂十分貧乏，除了民謠小調，就是愛國歌曲。常聽老一輩的人說，他們頭一回接觸到「真正動聽的曲子」乃是從台灣空飄入境的鄧麗君卡帶，那種「乍聞仙樂瓊音」的美妙感受，迄今記憶猶新；至於八〇後的中生代，多半是在門戶開放後伴著港台歌手的快節奏成長的；惟近年來，大陸本土藝人紛紛出頭，放眼舞台上，儘是年輕俊秀、才氣縱橫的表演者，不僅熟稔音律、精於彈奏、能歌善舞，應對談吐也雍容得體，故能迅速擄獲新世代的品味。影響所及，大陸歌壇的「港台熱」已逐漸退燒。

卅多年前，一齣台劇「星星知我心」，紅遍大江南北，讓無數觀眾為之淚染襟衫，其後瓊瑤的「還珠格格」，更成為中國古裝連續劇的典範。然而，時移勢轉之下，台灣作品光彩不再，原因是大陸影視產業在市場導向下所吸納的人才、專業與資金，全非台灣同業所能望其項背。去年最火的陸劇「琅琊榜」，耗資一億人民幣製作，卻創出近三億的收入。業界預估，二〇一九年後大陸娛樂業產值將達兩千五百億美元，而台灣約為一百五十億。對比如此懸殊，國內觀眾又怎能期待「台灣出品，必屬佳作」？在傳統文化創作方面，如余光中的新詩、白先勇的小說、林懷民的舞蹈、李敖的評論，都曾贏得大陸粉絲的瘋狂愛戴，也帶來當地知識份子對台灣人文社會的高度評價。如今，大陸藝文界後浪洶湧，能人輩出，頻獲國際殊榮，成就已不遑多讓。

大陸的城市建設也與時俱進，舉凡市容、衛生、綠化、治安等法令與執行都比台灣嚴格。都更被列為市政重點工作，老社區動遷後原居民獲得豐厚補償，莫不感恩戴德。社會主義國家高效率的公權力，曾經被視為妨害自由的淵藪，如今卻成為推動國家進步、社會繁榮、人民富裕的有力臂膀。最近，仿自台灣U-bike的「享騎」在上海大行其道，每小時收取一元，直接用手機付費而不需辦卡，且可隨處放置免去靠站還車的麻煩，又在自行車外推廣到電單車，一舉取代了高危險性的摩托車。人皆曰大陸人善於模仿，惟青出於藍而能勝於藍，又有何妨？日前外出旅遊，發現他們高鐵內的噪音變小了，服務生的笑容變多了，連公務人員也去了幾份僚氣，耳邊不時傳來「謝謝您、對不起」等「文明」用語。這幾天，為了減少民眾在餐桌上的廚餘浪費，官方正大力宣導「光盤行動」，在在都令人耳目一新。

中國龐大的商業市場，在改革開放卅多年後終於發揮了宏效，先促進工商繁榮，後催生優質人力。今天的年輕人個個滿懷希望，摩拳擦掌，志在追求自己的「中國夢」。迄今為止，中國留學生回國人數已近兩百萬，占總數一半以上。大批海外學人返國效力，連同來自台灣的高端人才，都化為大陸社會向前躍進的能量。

話說回來，大陸在政治民主、社會正義和人文關懷方面的成績單依然令人搖頭，台灣的執政者必須牢牢把握住這些僅餘的優勢，才不致全盤皆輸。

●北京不應排斥中華民國稱號

台灣與巴拿馬斷交，刺激兩岸官方關係進一步惡化，也讓大家對「西線暫無戰事」的期待落了空。當然，民進黨政府堅拒「九二共識」，致令兩岸重回烽火外交，本是遲早的事；何況從一九四九年中華人民共和國成立開始，ROC與PRC之間為了爭取國際上「唯一中國」的地位而纏鬥不休，超過半世紀之久，台灣人民對於「駐外大使黯然下旗歸國」的畫面，早已視為家常便飯，也談不上什麼「遭到打壓」的屈辱感。幸好，這種零和式的國格爭奪戰，在八〇年代左右因我政府推行務實外交策略而有所和緩，直至馬英九執政，國共互釋善意，民間蓬勃往來，才一度達成外交休兵的默契。

眼前真正值得警覺的是，在我們四個非正式邦交國裡，中華民國代表處的招牌，經中國政府的抗議而被強制拆換改名。我認為，北京此一舉措極不明智，不啻於替寒風中的兩岸關係再墊高仇視與敵對的壁壘。

平心而論，從李登輝時代以迄，台灣的民心與大陸漸形疏離，以致贊成統一的比例愈低，的確是一個趨勢；而超強大國的輝煌崛起，竟亦未能普遍激起台灣同胞的仰慕之情，反似平添了幾分無端的疑忌，也是一個事實。不過，兩岸之間血脈相傳、民族同源、文化一體的臍帶關係卻令兩千三百萬台灣人民無法自外於中華文明與炎黃冑裔的範疇，且這道牢固不破的鏈結，必將成為未來兩岸復合的有利元素。可是，要等到雲破月現、黃河水清的一天到來，最關鍵的條件便是中華民國的國號、國歌、國旗繼續在台灣有效存在。

過去的國共對抗，本質上屬於兩個中國政黨的「內戰」，任何一方皆無分裂國家之意圖，惟因雙方互斥為叛亂團體，不得不在檯面上相互否認，乃於軍事停戰之後，轉移到外交戰場一較高下，力爭代表「一中」的合法地位。近卅餘年來，中華人民共和國已穩居上風，但也由於在烽火外交的過程中不斷排斥「中華民國」正式稱號的結果，反而讓本為地名的「台灣」兩字取而代之，不僅更為舉世所熟知，也讓久經憂患的國人產生深摯的認同感。北京一心一意想把中華民國從地圖上抹掉，目的在防止「兩個中國」的弄假成真，事實上，反而助長了「一中一台」的趁勢抬頭。

從近期的民調看來，台灣民眾對兩岸僵局現況並不滿意，未來雙方重啟談判勢所難免。若中華民國的法統遭到棄置，北京將如何與「台灣國」的擁護者謀和？我一直認為，中共當局必須重視中華民國仍然存在的現實，甚至應聯合兩岸有志之士共同捍衛中華民國的尊嚴與承續，作為未來解決兩岸紛爭的重要資產，這也正是「一中」之後的「各表」，絕不可刪除的重要理由。近幾年來，大陸朝野人士不時祭出「反分裂法」來嚇阻兩國論的聲浪，然而該法反對的是「冀圖分裂國土的行動」，卻無法否定「國土已經分裂的事實」！

如果北京認定台灣獨立純屬痴心妄想，那麼，自以為否定中華民國的名號就有助於兩岸和平發展，乃至於終極統一，更是一廂情願的盤算，蓋此舉既不能激起台灣本土族群的認同，還將削弱泛藍群眾支持兩岸復合的號召力與正當性，其效果無異於替台獨勢力添柴升火。

長久以來，北京對台政策經常陷入謬誤的迷思，當極端反中的台獨路線正在台灣社會面臨檢驗的此刻，這一波拆除中華民國招牌的強硬外交手段，顯然又是錯估情勢的逆向操作！

●兩岸復合，只是畫餅？

民進黨執政一年來，因拒絕承認九二共識，導致兩岸關係先降溫再嚴凍，又在川普的挑弄下情勢一度緊張，不過，最近似漸趨和緩。分析起來，主要應歸功於兩岸執政者的自我克制，而國際局勢的波譎雲詭也是因素之一，另外可能與雙方內部都面臨變革，無暇他顧有關。以大陸來說，十九大召開在即，一波波新政出台，多項重大建設也在快馬加鞭；人事更迭此起彼落，總書記嫡系正迅速接班，掌控全局；還有一名經濟逃犯不斷向國際媒體爆料政爭內幕並醜化當局，也頗令北京頭痛。再看台灣，蔡總統的不滿意度超過六成，前瞻計畫連連受阻，內政及社會難題紛至沓來，雖然府院高層、部會首長疲於應對，街頭抗議人潮卻有增無減。看起來，兩岸關係縱使被弄擰弄僵，官方只要謹慎將事，避免觸發危機，應可暫維平穩，保住現狀。

眼前的問題是：官方不理不睬，百姓卻焦灼難耐！除了處境益艱的台商之外，所有從大三通以來，親身參與兩岸經貿、文化、影視、學術交流合作的大陸與台灣人民，對於雙方政府能否捐棄成見、重修於好都在殷切企望，屏息以待。

趁著上海之行，就近拜訪幾位來自兩岸的友人，聽聽民間的說法。一般而言，大陸民眾向來服膺黨的政策，強調血脈相連，主張和平發展，呼籲「台灣同胞回歸祖國，共同完成統一大業」云云，是典型的民族主義論調。至於台灣社會，則呈兩極化趨勢。多數人贊成與對岸和平相處，尤其在讓利政策下，台灣企業還得以分享大陸市場，年輕創業族群更能跨足對岸，與世界連結；但也有一部分人受到本土意識高漲之影響，對大陸缺乏好感，漸漸切斷與中原的臍帶關係，甚至稱中國為外國，視大陸人、中華文化為外國人、外來文化。不過，近來兩岸關係一夕驟變，導致台灣產業受創、外交困頓，民眾對於現行大陸政策已普遍產生懷疑。

很難得地，在一次集會上聽到大陸人士的另一種論調，頗值玩味。發言者對於台灣島內的自由風氣、精緻文化、創意思維，以及人際間的高度關懷與尊重大為推崇，認為其成就與價值遠高於大國崛起後所創造的物質條件，也促使他們開始反思中國的未來走向，甚而公開挑戰「不放棄以武力對抗台獨」的官方態度，認為北京應尊重台灣人民的自由意志。

其中，某位大陸資深學者特別提起當年「大陳島撤退」那段史實，感念國民黨在敗戰撤守之際，仍本於人道精神給當地人民一個選擇去留的權利。根據記載，民國四十四年二月間，透過中華民國海軍與美國軍情單位的規劃與執行，共約兩萬八千名浙江大陳居民自願隨國軍前往台灣，並受到妥善安置。如今，這批「大陳義胞」早已世代綿延，融入寶島家園。

故事的背後，藏著大陸知識份子深沉的喟嘆，也掀起出席人士的思潮激盪，發言盈庭，現場景況好似一群人七手八腳地在替想像中的未來中國繪製一張新版的藍圖。兩岸有識之士摒棄本身立場，效法古人「為天地立心，為生民立命」的熱情令人動容，可惜擺在眼前的現實是，北京當局執意以「一個中國」為底線，民族大義絕不容撼動；而台灣方面則將自由民主設為無限上綱，不論前途是統是獨，百姓是樂是苦，悉取決於民意趨向。一旦雙方的堅持形成一個牢固的死結，人民追求真實幸福的願望也只能化作牆上的畫餅。

●兩岸關係是敵，是友，還是親？

兩岸關係續走下坡，雙方明槍暗箭互不相讓。這段時間，我外交據點頻遭北京打壓，而行政院院會又於日前通過修法，嚴格管控高階退離職人員赴大陸交流活動，可謂雪上加霜。

執政黨的說詞很簡單，高等公務員與聞國家重要機密，為防範有人在退職後赴對岸「通敵」，必須加以監管，連國民黨新任主席吳敦義於受訪時也認為有必要「適度規範」。可見，海峽對岸在某些人的心目中已被坐實為「敵對政權」，甚至還有親綠媒體稱之為「謀我日亟的敵國」。然而，對照起月前在上海與張志軍暢談「兩岸一家親」的柯文哲回台後民調狂飆的現象，不知該做如何解釋？如果兩岸間存在的真是「家和萬事與」的關係，那彼此怎能以仇敵相待？究竟大陸是我們的敵，友，還是「親」？相信有不少人感到迷惑不解。

先從法律面來看，昔國民政府為因應中共「武裝叛亂」，曾於一九四八年制訂「動員戡亂時期臨時條款」，次年並在台灣地區實施「戒嚴令」；前者至一九九一年李登輝時代廢止，後者則由蔣經國總統於一九八七年宣布解除。這兩項限制人民自由的戰時法令終止之後，台灣乃正式邁入民主國家，但另一個更積極的意義，則是兩岸之間已結束戰爭狀態，雙方百姓亦已脫離「反攻大陸」或「血洗台灣」的軍事威脅，進入求取和平的階段。有鑑於此，自一九九〇年代以迄，諸如《國家統一綱領》、《兩岸人民關係條例》的制訂，「九二共識」的達成，大三通與經貿文化合作的開放等舉措，皆係兩岸當局棄戰謀和的實質產物，也說明了台海局勢已非七十年前的「戡亂」狀態。當然，若今天的兩岸執政者一意孤行，任令衝突繼續擴大，甚至重啟戰事，則另當別論。

再就全球政治而論，過去半世紀以來，和平已成普世價值。二戰結束時，艾森豪將軍以抗德英雄之姿途經英法各國，受到無上禮遇；接著凱旋返美時，紐約街道上萬人空巷、夾道歡呼的狂熱場面，經過媒體的流傳，至今印象猶新。不過，短短廿年之後，當十幾萬美軍仍在越南戰場上浴血奮戰之際，抗議戰爭的示威隊伍卻已串連全美各大城市。一九六七年，知名拳王阿里，以反戰名義拒絕入伍服役，不但被最高法院認定是「良心反對者」而判決無罪，更被美國人民譽為「和平鬥士」、「當代勇者」。那段日子，反戰歌曲傳唱全美，撼動人心，捧紅了瓊．拜亞（Joan Baez）、約翰．藍儂（John Lennon）、巴布．狄倫（Bob Dylan）等歌手。當時的美國總統詹森因力主越戰升級被迫放棄連任，反倒是繼任者尼克森，雖因水門案而聲名狼藉，但他曾在一九六九年就職演說中呼籲國際間「以談判取代對抗」（negotiation in lieu of confrontation），並劍及履及於三年後訪華做破冰之旅，故得以享有歷史的尊榮地位。

兩岸大三通以來，朝野積極互動以消除敵意，建立互信。對大陸來說，爭取久違的台灣人心是首要目標；就台灣而言，既能分享到大國興盛的紅利，又可改善雙邊關係，何樂不為？而兩岸領導人為謀取和平共存所做的自我克制，也博得世人稱許。如果，我方執政人士競相以對岸為讎寇，不但過去互利的果實將化為烏有，連未來良性的民間接觸都可能被解讀為「賣台行為」。

民進黨的僵化立場，誠然使國人感到進退失據；中共當局也不妨多加思考，如何讓台灣人民更能感受到「一家人」的誠摯親情，而不總是那股急於完成「統一大業」的堅決意志。

●為兩岸僵局找出口

兩岸關係愈發嚴峻，有心人士紛紛為相持不下的局面「找出口」。政治觀察家也在密切注意任何可能影響台海情勢的變數。

二〇一七年七月一日，習近平在香港回歸廿週年慶典上致詞，用大篇幅闡釋「一國兩制」，強調「一國」是根本，「要根深本固才能葉茂枝榮」，他還警告「任何危害國家主權的活動，都是對底線的碰觸」，語氣十分嚴厲。不過，在短短的行程中，習主席想必也感受到街頭上反對現制的聲浪，以及改革派鼓動民心的勁道。尤其，近來港台分離人士在相互串聯下已產生相乘效果，對大陸境外的反中浪潮更增推力。

同一天，台北市長柯文哲出席「雙城論壇」，不但與上海市長應勇同聲承諾將促進兩地交流，還在會後面晤國台辦主任張志軍時，再度提及「兩岸一家親」。或許係著眼於明年的選舉，抑或有意展現首都市長的政治高度，柯P在兩岸問題上，顯然決定與民進黨分道而馳。

不過，在台灣內部，蔡政府正在調整兩岸政策，如拒發大陸高官入台許可，限縮金融、學術界交流活動等，做為對北京外交打壓的回擊；行政院長林全也破例向對岸開砲，指斥「一中」政策目的在「消滅中華民國」。此話並非無的放矢，可惜因果錯置，忽略了兩岸關係冰封究竟為何而起。

坦白說，執政黨受到「台獨DNA」的支配，一旦重掌政權當然要走自己的路，即便與對岸翻臉，可能傷及台灣社會的穩定，亦不容示弱。另外，台灣的民主政體和公民社會價值，獲得普世認同，是和大陸分治數十年以來最大的差異，故而儘管獨立之路坎坷難行，民進黨迄無回頭的跡象。

至於綠營縣市首長，則受制於選民壓力，且須顧及在地產業利益，有必要理性面對兩岸僵局，乃推出「親中愛台」論，反正不在其位，無須擔負政治責任。何況，所謂「親中」係以「一邊一國」為原則，表面上展示「親善」，暗底下視大陸為「鄰邦」，因此言談間顯得態度曖昧，語焉不詳。

反觀國民黨的大陸政策，在馬規吳隨下，將奉「一中各表」為正統，其含義有別於大陸的「一中」，但曾經為北京所默認，是前朝時期兩岸和平發展的基石。惟眼下兩岸政局丕變，「各自表述」能否繼續有效，正面臨嚴酷考驗。

綜上所述，兩岸朝野人士針對「國家」定位的立場，依舊南轅北轍，多元而分歧，短期內似難求得共識，真要化解僵持，恐須從長程觀點著眼，才是治本之道。首先，對於心心念念要完成國家統一、民族復興大業的中共領導階層而言，必須鄭重考慮在經貿建設之外，優先啟動民主改革，並將全民福祉置於國家戰略目標之上，及早跨越自由人權國家的門檻，屆時全球華裔同胞自將衷誠擁戴而甘願回歸祖國懷抱，也就不必靠各種軟硬兼施的手段來收服人心。

其次，為台灣的前景著想，無論何黨執政，都應堅守中華民國憲法體制，保持在合法框架內進行良性政黨競爭，一則以落實民主憲政，一則以杜絕台獨亂源，消弭無休無止的朝野惡鬥與族群對抗，從而團結全台同胞，統合藍綠民意，與對岸在善意互動中開啟和平共存的協商談判。

欲解兩岸糾結，實非朝夕可幾，但雙方固守己見，絕對無補於事。昔黃河水患，鯀施障水法而災情益烈，至禹改採疏導法遂決江河而通四夷九州。為兩岸通道堵塞找出口，何不以先賢為師？

●中美博弈動搖兩岸局勢

前些時，美國中情局長龐畢歐透露，影響美國國家利益最大的威脅係來自中國，推翻了過去以俄羅斯為頭號敵人的說法，其理由在於中國「擁有良好經濟體質」、「全面參與國際事務」、「軍事武力快速擴張」等，在在都對美國產生莫大壓力。

龐畢歐的指述，不僅引起北京的關切，也讓舉世為之側目。儘管二〇一七年中美元首兩度會晤後，雙方出現融冰跡象，但若華府的國安機構認定中國為最大敵國，未來中美關係仍將荊棘滿途。尤其最近東亞風雲緊急，中美均深陷漩渦之中，以致彼此爾虞我詐，早已明槍暗箭地過手較勁。此刻，最值得我們掛心的是，夾在兩個敵對超強中間，兩岸局勢將何去何從。

用簡單的邏輯來推敲，如果中美關係能往正向改善，甚至雙方決心破解宿怨、重建邦誼，特別在金融經貿、區域安定、環境保育和反恐陣線上攜手合作，共同扮演國際社會安定的磐石，自是全球之福；屆時兩岸問題在老美眼中將顯得相對微小，島內台獨聲浪可能大幅降低，統一壓力自然增強，而大陸方面對於兩岸的未來將擁有更強勢的主宰力道。為人類和平著想，我們當然希望中美關係升溫，但也不願台灣在大國交好下任憑擺弄，失去自主權。中美兩強即使有心推展雙贏關係，亦應以台灣人民的安危福禍為念。

反之，中美果真演變為勢不兩立的死對頭，必然會逼得美方進一步把台灣納入區域安全體系，成為太平洋島鏈的橋頭堡，如此則台獨勢力水漲船高，兩岸關係愈趨崩解，台海局勢可能再度陷入波濤洶湧的險境。

平心而論，任何偏向極端的發展都非我們所樂見。台灣，絕不能淪為強權對抗下的過河卒子，或是國際亂局裡的東亞孤兒，更不能在兩岸相殘的爭戰中成為俎上之肉。故此，中美兩大之間的走勢，值得國人密切矚目。

二〇一三年秋天，中日台三方為釣魚台漁權釀生紛爭。我曾在一場研討會中，提醒大陸學者切勿過分期待兩岸人民會「站在同一陣線上」。因為，基於難以切割的情感因素，台灣仍有大批在地族群，始終站在「親日」甚至「崇日」的立場，一旦中日發生衝突，彼等斷不會聲援中國；同樣地，台灣另有一群「親美派」，包括過去幾十年赴美深造的留學生以及醉心於西方民主主義的知識份子，假如美國也在釣魚台事件中橫插一腿，力挺日本對抗中國，則北京方面期盼台灣人民會受到民族主義的衝擊而倒向「祖國大陸」，並聯手「抵禦外侮」的機會，將更為渺茫。我一直認為，美日的對華政策影響兩岸局勢至鉅，尤其是身居民主集團之首的美國。未來中美關係究竟是敵是友，或許較台灣政局是綠是藍更能決定統獨的走向。

再就國府時期的歷史觀之，將更能了解中美兩國的交情非淺，不僅在二戰中共同抗日，其後於韓戰、越戰期間，亦曾相互呼應，捍衛民主陣營。百年以來，山姆大叔多次在中華民國瀕臨危難時伸出援手，從軍事、外交、經貿、農業、教育到科技發展各個層面，莫不如是。無論在情感或現實意義上，台灣和美國之間，比起和同文同種卻長期對峙、隔絕的大陸之間，更為親近、熟稔、意氣相投。倘若在兩岸事務上，華府的角色過於鮮明，必將產生動搖全局的效應。

兩岸難題懸而未決，或許北京仍在等待蔡英文填寫答卷，而我們更關注的卻是習川博弈的結果。

●台灣的三個選擇

近一個月來，亞太地區成為全球注視的焦點，先是中共十九大隆重召開，接著川普訪問中日韓，日前APEC又在越南風光登場。遺憾的是，在大小會議的議程上，台灣問題似乎乏人聞問，兩岸關係繼續深陷僵局，遠眺海峽上空依舊烏雲蔽日，使台灣的未來看上去充滿模糊與不確定性。主要原因在於台灣的命運無法完全操之在我，而係受到中美日等強國的牽制；另外，國內社會意識形態嚴重分歧，全民缺乏共識，也是造成「集體迷茫感」的重要因素。

眼下擺在兩千三百萬台灣人民面前的，有三條路可供選擇。第一，是遵守憲法精神，走向兩岸融合、國家統一的途徑。早期的國民黨矢志反共復國，堅持「漢賊不兩立」，主張「以三民主義統一中國」；即便到了有心「偏安江左」的李登輝、馬英九執政時期，大陸政策仍未完全逸出統一國策的範疇，所謂「一中各表」，只是把政治現實合理化的權宜說法，具有階段性的意義。

第二條路，傾向於台灣獨立建國。主事者雖知其不容於法理人情，更須冒著觸怒全中國人民之大不韙，但眼看兩岸分隔亦久，台灣社會在老成凋謝、世代翻轉之下主體意識甚囂塵上，乃趁著民進黨再度執政的機會，加力擴張版圖，不過在策略上先採取較柔性的「文化台獨」以挑動反中情緒，去除中華文化餘韻，等待立憲建國的時機到來。

第三條路，則是維持現狀，介於統獨間的中庸之道。此一選項在歷屆民調中一直占據多數，可能是支持者自覺統、獨俱非一蹴可幾，且兩岸既已化敵為友，民間交流順暢，不如索性與對岸保持以禮相待、和平相處的狀態。尤其對泛藍群眾而言，過去不容於台獨人士的中華民國國號、國旗、國歌已被普遍接受，失落久矣的國家認同感獲得了滿足，再考量到現實條件的限制，實無必要立即挑戰變動較大、成效難料的統一選項。

以上三種立場，各具理想性，也在台灣擁有特定支持群眾，然而，無論走上哪條路，都必須顧慮到對岸的態度，決非自家人說了就算。對北京而言，第一條路是唯一選擇，蓋國土統一是不可更張的終極目標，也因此第二條台獨之路，必須盡全力堵絕；至於維持現狀，由於在台灣普獲支持，曾為兩岸和平發展不成文的共同基礎，而被寄以厚望，可惜每逢民進黨當家，都淪為民共冷戰的祭品。尤其自二〇一六年以來，種種跡象顯示北京已不願再默認中華民國的存在。兩岸之間儼然重回「漢賊不兩立」的零和棋局，只不過在形勢不變下，「漢」、「賊」互易其位罷了。

值得注意的是，中共高層十分擔心兩岸長期維持現狀會坐實永久分裂或台灣獨立，使得統一大業落空；可是在兩岸關係跌宕起伏、乍暖還寒，始終無法塵埃落定的狀態下，中華民國能夠保住在台灣的合法地位，是否更勝於做個身分不明的「國際孤兒」，以致變身為「Republic of Taiwan」呢？中南海的領導們恐怕應審慎思考。

易言之，若北京急於「反獨促統」而否定兩岸暫維現狀，一味限縮R.O.C.的空間，則台獨團體見獵心喜，很可能跟著落井下石，讓中華民國徹底消失。其結果是，原本贊成維持現狀的多數台灣人，在無奈之餘只好向台灣主體論傾斜；而「台灣」二字，也將從地理名詞實質轉化為國家名稱。果如此，中共不啻做了台獨運動的推手。屆時，兩岸間除了走向戰爭一途外，還能選擇哪一條路？

政治篇

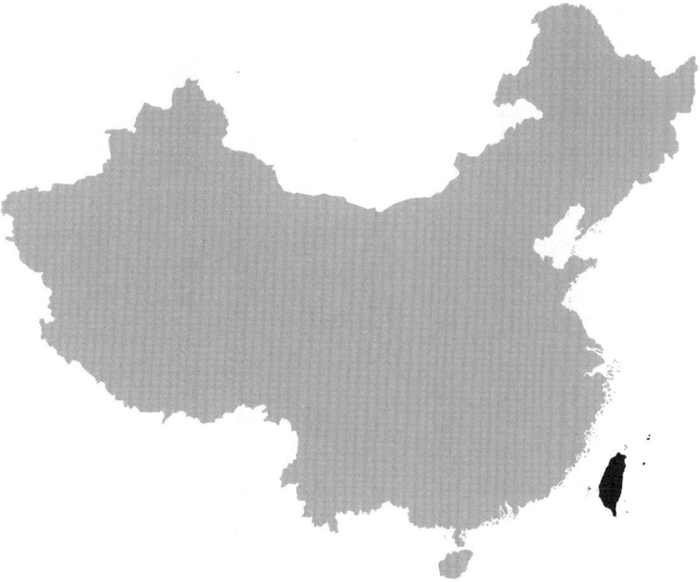

●轉型正義不能昧於史實

台灣社會不停上演翻轉戲碼，目前出場的是「轉型正義」。立法院內，「促轉條例」蓄勢闖關，發言台上的立委使出誇張的身段和腔調，指控歷史人物的「不公不義」；電視新聞的標題也夠聳動：「殺一人判死刑，害千人者還為他蓋廟？」顯然是以鄭捷與蔣公做比較。

轉型正義（Transitional Justice），原指一個國家經過民主轉型後，應妥適處理過去威權時期迫害人權、踐踏生命等濫用公權力的行為，包括補償受害者、處罰犯錯者、增修法令以避免重蹈覆轍。在過去一、廿年裡，台灣的執政者亦曾試圖縫補歷史的傷口，其中以「二二八事件」的平反、賠償與撫慰，最為周全。雖是遲來的正義，仍使台灣的人權維護在國際間綻露光芒，也讓我們的社會溢滿人性的暖流。

不過，轉型正義的主旨絕非鼓勵後人對前人清算鬥爭，如果受害者抱著雪恥復仇的心態以牙還牙、窮追猛打，即便討了舊債卻結了新怨，勢將造成世代、族群或階級之間的鴻溝以致冤冤相報；轉型正義的推動也不能罔顧時空差距，一味以今非古。設想中外歷史上不乏流芳後代的盛世明君，若概以現今的人權標準檢視之，恐怕都變成了暴政魔頭，人人得而誅之。畢竟在舊時代裡，皇權凌駕一切，百姓的身家性命根本無足輕重，此乃舉世皆然之事。

至於遭受戰火凌虐的災民，掙扎在生死邊緣，更不知正義、人權為何物。二戰期間，各國罹難者無以計數，除了被納粹屠戮的猶太族裔較受國際重視之外，餘者甚少獲得精神或物質補償。中國人抗日八年，死傷一千餘萬，連一個日本政府的正式道歉也未可得，還有什麼正義可言？內戰撤台的國軍戰士，很多是被強迫「拉伕」而不得不拋妻離子，退伍後孑然一身，無業無產，難逃客死異鄉的命運，又有誰來為他們伸張正義？

說到台灣社會的轉型，另有其特殊之處。從一九四九年起，國共各擁重兵，隔海對陣。最初幾年，毛澤東揚言「血洗台灣」，島內「匪諜」、「台共」伺機而動，政府在危疑震撼之下遂於一九四九年五月實施戒嚴。在將近四十個年頭裡，人民的基本權利的確受到限縮，也造成許多冤案長埋地下，有待平反，但當初戒嚴的最大目的，應在遏阻中共犯台，而非壓迫平民百姓。一九八七年七月，蔣經國總統眼見前方戰危已消，兩岸和平在望，乃決定解除戒嚴、取消報禁、開放組黨，恢復憲政常態，殆可證明所謂「白色恐怖」實為戰爭陰影下的產物。

綠營「討還國民黨產」的聲浪延燒到救國團和婦聯會，也未盡公平。一九五二年誕生的「中國青年反共救國團」，係政府為號召全國青年「誓做反共後盾」而成立，當時隸屬於國防部總政治部之下，顯係特殊時代的特殊機構，後以環境變遷，「反共救國」的功能不再，乃易名「青年救國團」，轉為社教與公益社團。早期救國團辦理各項寒、暑假大專學生活動極受歡迎，其所培育的優秀人才對台灣社會多所獻替；至於婦聯會的前身以「中華婦女反共抗俄聯合會」為名，也是以團結婦女同胞支援反共聖戰及照顧前方將士眷屬為宗旨。類此機關在烽火歲月中都曾扮演過維護台灣安定的角色，究其初衷，洵非專為一黨一私而設，且均已轉型為民間團體，新政府若不問歷史淵源與是非功過，一概打為全民公敵，豈非挾正義之名行不義之事？

轉型正義本為普世價值，但不能昧於歷史事實，更不可落入政爭漩渦，變質為快意恩仇的利器。古云：「寬以容人，厚以載物」，主事者當引為戒勵。

●為歷史真相說幾句公道話

五二〇以來，新政府狀況百出，惟有「轉型正義」做得最有效率，主其事者早已磨刀霍霍，蓄勢而發，誓言斬盡不公不義的前朝餘孽。瞧那股凜凜威勢，騰騰殺氣，好像台灣社會從未經歷過「轉型」？又好像台灣人民從來不知「正義」為何物？

對於我們這輩中老年人而言，儘管世代加速交替，價值持續翻轉，曾經走過的路、經過的事，依然昭昭在目，因此有責任在這是非混淆，黑白難辨的一刻，為歷史的真相說幾句公道話。

在過去六、七十年的歲月裡，台灣發生過太多次翻天覆地的變革：從四〇年代開始，脫離日本統治，重回中國版圖；隨之中央政府遷台，大批新移民注入更多元的中原文化；五〇年代，風雨飄搖中，國軍浴血奮戰，全面遏阻中共侵台，使台灣轉危為安，在內部則推行土地改革，實施耕者有其田，並促進工業升級；六〇年代，振興經濟，拓展外貿，創造台灣奇蹟；七〇年代，熬過退出聯合國、與日美斷交的困境，改採務實外交而得以重返國際社會；八〇年代，廢止戒嚴，還政於民，厲行政黨政治；九〇年代，廢除思想犯，取消出版法，開放廣電媒體，實施直選總統，臻台灣於民主國家之林；千禧年以來，打開兩岸僵局，推動大小三通及經貿文化交流，終使雙方化敵為友，奠定永久和平基礎。

一長段苦盡甘來、剝極而復的路程，都是朝野攜手合作，求新求變、勵精圖治的見證，也可視為國民黨政府自挫折中醒悟，從封閉的黨國體制中脫繭而出的一場革新自強運動。今日台灣，從戰後廢墟中挺立，蛻變為民主櫥窗、經濟重鎮、科技王國，和世人眼中的「小確幸」社會，難道不算是轉型成功的典範嗎？而在這全面轉型的過程中，又何嘗少了濟濟多士正義的身影？說起台灣的過去，怎能老是以「威權時代」、「獨裁統治」或「白色恐怖」幾個名詞一筆帶過？台灣社會的正義轉型又豈是自今日始？最近，總統的人事任命迭生波瀾，其中司法院長提名人謝文定被迫辭職的理由，竟是「充當威權時代的打手」，此一「罪狀」若成立，所有在解嚴之前擔任公職者，是否都應被貼上「獨裁者鷹犬」的標籤？而從小教導我們要忠於國家民族、熱愛中華文化、遵從政府政策、恪守法令紀律的父兄、師長，豈不也都成了統治者的「幫凶」？

一九八〇年，年輕的謝文定被指派參與審判美麗島案，以當時的政治環境，倡導台獨運動本為法理所不容，身為檢察官，即使對「民主運動人士」有所同情，也不可能知法犯法，為之曲意迴護。謝的提名被撤回，說明了任何崇高的政治理念，在民粹污染下仍不免變質。

近日有德籍人士公開推介德國實踐轉型正義的經驗，引起一片讚嘆。不過，納粹法西斯主義者發動二戰，傷人無數，更把數百萬猶太人送進毒氣室處決，企圖「滅種」，其狠毒凶殘暴行，與台灣的境況如何類比？至於二戰另一元凶——日本軍國主義者，不但在中國戰場上大肆殺戮，還驅使台灣婦女充當日兵「慰安婦」，如此獸行，至今國人未曾討回一丁點「轉型正義」，反倒是朝野政客頻頻向日本政府投懷送抱，一付自甘為奴的嘴臉，令人不齒。

歷史的真相隱晦不明，可能出自於人們的偏見或刻意隱瞞，但因此而造成後來者的無知和曲解，則是對現代公民知的權利最嚴重的凌辱。

●族群偏見才是台灣的未爆彈

從二〇一六年新政府上任四個月，整個社會好像中了邪一樣，陷入通盤混亂。藍綠、官民、勞資、世代和社團之間對罵叫囂，軍警公教、工商農漁群眾和航空、鐵路、觀光業者競相上街抗議，讓原本尚稱和諧的台灣，被強行撕裂而震盪不已。

有人問：挾著赫赫威勢全面執政的民進黨，究竟做了什麼錯事？仔細想想，新政府急如星火端出的「牛肉」，不外乎：「推動轉型正義」，「改革年金制度」、「淡化兩岸關係」。三個施政方向從表面上看，都頗能滿足民眾對社會公平正義的期望，也回應了「台灣人民當家作主」的民意呼聲，更顯現出新人新政的改革意志。不過，問題在於，政策的背後隱藏著偏狹的意識形態和地域主義的黑手，意圖透過改革之便，進行黨同伐異的鬥爭，強力掃蕩中華文化傳統，代之以台獨主義路線。類似的謀略曾出現在第一次政黨輪替之初，只不過今朝的氣勢更強、規模更大、手段更辣而已。

因此之故，轉型正義第一棒揮向「不當黨產」，除了弱化政敵實力之外，更欲一併劊除其所乘載的大中國圖騰；軍公教群體，因長期服務於國民黨政府，被視為舊體制的一部分，自當削減其既得利益；至於切斷兩岸連結，更是民進黨「去中國化」與「反中親美」政策綱領的具體實踐，絕不容讓步。

即便如此，深綠大老仍連連放話抨擊小英總統力道不夠，用人不當，更把林全內閣譏為「老藍男」組合。照說，政府用人唯才，年齡、性別不足為慮，但明眼人看得出，大老們欲去之而後快的眼中釘，主要是那批懷有傳統思維的「前朝遺臣」和外省籍人士。這種強烈的排他傾向與地域偏見，才是蔡政府的隱患，若任其蔓延，必將成為台灣社會的未爆彈。

在正常民主體制中，政黨相爭多出於對公共政策的歧見，如美國大選候選人爭辯的焦點，總不脫稅制、財經、兩性平權、槍枝管制、外交政策等議題，極少觸及民族認同或族群意識，故一旦選舉揭曉，勝負已定，紛亂與激情都將歸於沉靜，蓋族群之間的矛盾最易激起眾怒而演變成世代仇恨，甚至掀起暴動，釀成戰爭。台灣的藍綠抗衡本為政權之爭，若受到台獨主義煽風點火而延燒成族群對立、省籍分歧的危局，終將陷台灣於災難之中！

過去，國民黨執政期間，對於維護各族群的權益平衡與和睦相處，可謂竭盡所能，也為台灣社會的長治久安奠定良好基礎。即便在「黨國體制」下，主政的蔣經國仍特別重視地方建設，刻意拔擢省籍才俊，他自稱為「中國人也是台灣人」，經常下鄉探求民隱，廣交友人，目的即在繁榮地方，還政於民，並盡力泯除社會中的畛域觀念，促進全體國人的大團結。多少年來，就憑著這股全民團結意識，我們安然度過國際離棄、兩岸烽火的艱辛歲月。如今，外患漸去，台灣又何苦自陷於凶狠的內鬥？

絕大多數的台灣居民同屬漢民族，只是於不同年代從中國大陸遷徙而來，至今使用一致的語言，奉行相似的風俗習慣、宗教禮儀與行為規範，這是台灣社會的基本架構，在此一架構上保持一個和諧穩定的共同家園，並非難事。倘若新政府過度迷失在二分法的民調數據裡，低估一般民眾對安和樂利生活的需求，而繼續放任少數極端人士以激化言行挑弄同胞情感，則社會的分崩離析時日不遠，果如此，又何須擔憂來自對岸的威脅？

●蔡總統，應走到全民的中間

如果用視覺影像來描繪台灣現況，銀幕上呈現的將是一幅由民眾上街抗爭、國會藍綠混戰、媒體煽風點火、兩岸反目成仇、外交凸槌失利所組合的圖片，標題寫著「台灣：進入內外交迫的亂局。」光是從雙十慶典上中華民國的國號、國旗、國歌所受到的漠視與踐踏，就可看出台灣正在大塊地裂解。究其根本，應歸咎於新政府意圖改變現狀所犯的兩個錯誤：一是步伐太急，二是路線太偏。

因為步伐太急，所以動作不穩，目標不清，致出師不利。譬如，為了急於推翻舊制，卻忽略了前朝的制度、政策與人事並非全屬不合時宜，使得一連串的改革步驟，都走的顛簸躓踣，而遺患無窮；為了急於淡化兩岸關係，竟無視於我方從兩岸交流合作中所賺取的紅利，以及在軍事和外交休兵的默契下所獲致的安逸，逕自把「維持現狀」的既有基礎毀諸一旦，只剩下一句阿Q式的「不向壓力屈服」，聊以自慰。

又為了急於向美日靠攏，而悖離國際現勢，佯作不知美國的全球霸業早已陷入困境，當前對華政策唯一的著眼點，無非就是自身利益的盤算；台灣，不過是「擴張」與「圍堵」戰略的一顆棋子而已。熟悉美國政治的蔡英文總統，應不至於對「堅決維護台灣權益」之類的外交辭令深信不疑吧？說到日本，根本就是美國的「附隨」國家，多招攬些日客來台遊玩倒無妨，滿心把台灣的未來寄託於「台日友好關係」，何異於痴人說夢？

所謂路線太偏，指的是國家定位和文化認同，一味向獨派方向傾斜。原因之一，是誤以為二〇一六年選舉的結果，即代表民意選擇了「反中傾獨」的路線。其實，民進黨大勝的利基係來自於國民黨的分崩離析，而非其理念擄獲人心，更不是多數選民已轉向擁抱台獨主義。再以大選的低投票率來看，蔡英文得到的六八九萬張選票，尚不足以駕馭全台灣的主流民意，其道理和三七．六％的滿意度並不表示民眾已普遍接受「一中」是同樣的。

其次，綠營人士一口咬定年輕人都是「天然獨」，故未來的台灣應是獨派的天下。事實上，「九〇後」世代從出生以來就浸淫在政治染缸中，難免對歷史真相感到迷茫。但是，以他們對知識的渴求與資訊的便利性而言，也可能在未來特定的時空環境下，迸發出民族文化認同上的自我覺醒。更何況，年輕人懷抱理想性，面對過激的政治手段和偏頗乖張的言論，絕不會甘於沉默。

最近，某立委指控大陸劇「芈月傳」以超低價賣給公股電視台，是為「中國統戰手段無所不用其極」，即為一例。姑不論「芈月傳」的售價是否合理，許多網民的共同疑問是：一，台灣人的判斷力和意志力真的如此薄弱，僅看一齣連續劇就會被「赤化」？二，在合於法規的情況下，電視劇的市場交易行為，政府應該介入嗎？三，電視台以較低價格取得熱門劇集，何錯之有？若反而以高價購進，又當如何？豈不將罪加三等，以「資匪」罪名送辦？

國會議員在廟堂上的荒唐表演，除了自曝無知之外，只能達到一個目的，就是不斷在兩岸人民情感的傷口上灑鹽。如此行徑，與蔡英文總統「善意不會改變」的基本主張，完全背道而馳，更像是存心要「走回對抗的老路」！

蔡總統欲衝破危局，撥亂反治，必須尋求最多數民眾的支持，以緩和對立，彌補裂痕；而首要之務，就是停止操切的腳步，修正偏激的路線，從政治光譜的邊緣，走到全體人民的中間來。

●台灣亂局，藍綠紅都有責任

新政府上任至今已半年有餘，台灣的困境未曾改善。內部衝突四起，從廟堂到民間，從媒體到街頭，意見不合者動輒爆粗口、動手腳、打群架，率皆以衝撞、對抗為能事；外交則進退失據，在國際間迭遭擠壓碰壁，面對美日大國尊嚴掃地，政客們還爭相邀寵，曲意承歡。近來蔡政府賣力宣傳，多所粉飾，人民還是對混亂的現況感到惶惶不安。

亂源當然不只一端，但最重要的因素應為「兩岸關係」的逆轉；而兩岸關係之所以不進反退，根本上還得歸咎於藍綠紅三個政治勢力在國家認同和意識形態上的分歧與僵持。

對岸的共產黨堅守「一中」，以「國家統一、民族復興」為終極目標，惟在過去一段時期裡，有鑒於急統勢不可為，乃改施懷柔政策，默認海峽雙方可針對「一個中國」有自己的定義。在台灣方面，民進黨奉行「各表」，有關國家定位自有其主張，輒與對岸針鋒相對，但也是礙於形勢，在檯面上不得不放棄台獨名義，承認《中華民國憲法》，實則儘量與大陸分離、和中國切割。國民黨提倡「一中各表」，站在光譜的中間地位，一方面與陸方建立一中共識，另方面也以彼此互不否認主權的方式維持分治現狀，才換來兩岸和平發展的契機。

三者比較起來，國民黨的立場似乎更能符合台灣人民的利益，因其可避免戰爭的威脅，也毋須面對立即與大陸復合的難題。可惜過去廿年來，藍營當權者或別有圖謀、變節毀黨，或師心自用、爭權奪利，終而漸失民心。馬英九以清新之姿主政八年，本係「黃金時期」，卻因其囿於己見，不克力挽狂瀾，反而造成黨務鬆弛、高層決裂、組織潰散，致選戰大敗虧輸，過半江山淪入民進黨之手，兩岸關係遂驟然降至二〇〇八年以前的低溫狀態。

再談民進黨，執政後挾著勝選威勢，在島內全面延燒「去中國化」運動，不斷激起朝野、族群對立，並妄自捲入美日圍堵中國的棋局，且愈陷愈深，非但無法維持兩岸現狀，更將擴大歷史傷痕，使雙方走向劍拔弩張的局面。至於共產黨，雖以國力日盛，位列世界超強，但在意識形態上依舊壁壘高築，固守教條，致惠台措施未能奏效，尤其在政治民主、言論自由、人權維護上進步有限，與其強大軍事武力所構成的霸權形象反差過大，每每在兩岸出現衝突時，引發國際議論，並造成台灣民眾的抗拒心理。前陣子，大陸改採「區別待遇」策略來因應綠色執政下的對峙局面，卻在小馬哥出訪大馬國時，發生「中國施壓使前總統受辱」事件。北京涉台政策的搖擺閃爍，再次讓獨派有機可乘，挑弄起台民的反中情緒。

綜上分析，若藍綠紅三股勢力持續互鬥，未來的形勢極可能演變成：「藍軍積弱難返、深綠聲勢益漲，中共加重打壓，兩岸翻臉成仇」的惡性循環，於當前困局之解套有害無益。最近，對台灣前途感到焦慮的人們頻頻寄希望於美國。但從現實觀之，就職後的川普也只有兩條路可走：一是鞏固美日台同盟以延續對中國的抵制；二是逐步淡化美台關係，作為與中國和解或其他利益的交換。無論他走哪一條路，都可能把台灣逼入險境。

由於兩岸失和導致台灣騷亂，藍綠紅三方都難逃責任。遺憾的是，最後的苦果，只會由小老百姓來承受。

●黨產不當，黨員何辜？

最近「不當黨產」的追討出現三個場景。一是黨產會繼法院裁決停止凍結國民黨帳戶後，又以行政處分禁止提領，使黨工薪水再告泡湯；二是國民黨中央宣布裁員四三三人，大部分為地方黨工；三是國民黨發動捐款，幾位年逾古稀的老黨員捧著半生積蓄率先義助黨部紓困。這三個場景，都令我心頭沉重。

或許，國民黨在取得若干黨產上確曾「有悖於政黨本質或違反民主法治原則」，惟昔日舉措之不當，如今概由基層黨工、黨員來救贖，實有違公平法則。在過去迭宕的國運中，無以計數的國民黨員在時代召喚下為台灣的生存發展無私奉獻，卻由於國民黨今日的失敗必須揹起原罪，遭受懲罰，甚至被污名化，難道這就是轉型正義的終極意義？身為國民黨老黨員，我且舉一段多年前的親身經歷，當做歷史的見證。

一九七一年中華民國被迫退出聯合國，由中華人民共和國取而代之。在風雨飄搖中，不久又傳來美國也將與我斷交的消息。為了因應險峻局勢，我政府亟欲團結全美僑社及當地友我勢力，共同向美國施壓，表達反對美、中建交的立場，並呼籲「山姆大叔」信守承諾，勿讓中華民國陷入外交危境、淪為國際孤兒。

由於在外國境內動員群眾進行遊說，有違外交慣例，國民黨責無旁貸，遂透過海外留學生組織，扛下這個艱鉅的任務，以民間自發性活動方式，在美國華人社會掀起一場波瀾壯闊的學運，名之為「反共愛國運動」，本質上則是針對台灣的國際生存權所進行的非典型外交作戰。

一時之間，美國各地的僑胞和學生黨員，爭先恐後地加入街頭抗議行列，大家揮舞國旗，引吭高歌，慷慨陳辭，奮力為國家的榮辱，台灣的安危挺身而出。美國華人的怒火瞬即延燒到當地社區，更點燃起全球愛好自由民主人士的熱情，Freedom for Free China！的呼聲，頃刻化為世人對台灣的有力聲援。

雖然不是刀械齊發、血肉紛飛的戰爭場面，高漲的愛國情緒一樣使人心魂盪漾。從卡特宣布斷交的當晚，城市街道上就貼滿了抗議海報，主流媒體也密集報導華人示威的消息；在洛杉磯，一群義憤的台灣青年冒險爬上電線杆，把「慶祝中美建交」的巨幅招牌強自拆除；各地僑社紛紛舉行升旗典禮，在「山川壯麗」的歌聲中，人人淚眼盈眶，凝視著國旗飄揚天際；國民黨駐美南黨部的負責同志在遊行歸途中不幸遭遇車禍，失去雙腿；某華裔飛彈專家因在電台call-in中痛罵卡特「出賣台灣」，被終身褫奪晉階資格。四十年倏忽而過，那一幕幕激昂、悲壯又溫馨感人的畫面，至今縈繞腦際。也就在那一年，「莊敬自強，處變不驚」的口號再度響徹全台大街小巷，中華民國又一次衝破橫逆，通過考驗，繼續邁向安定與繁榮。

在「黨國不分」的時空裡，全體國民黨員對捍衛中華民國所做的付出，向來自認是「分內之事」，他們對國家的堅貞，對台灣的摯愛，絕不會低於對政黨的忠誠。而我也相信，一般民眾對轉型正義的期待，是認真查處曾以黨產漁利自肥的黨政高官，而非一味留難清白無辜的小小黨工與黨員。

納粹大屠殺倖存者維瑟爾有一句名言：「沒有回憶，就沒有文明、沒有社會、沒有未來。」政治改革者在大步前行之餘，千萬別忘了回顧過去，才能鑑往知來，走對方向。

●人民可愛，政治可憎

每次回到台灣，一下飛機就覺得有股暖流從心底升起。除了返鄉的喜悅外，放眼身旁熙來攘往的人群，和每個人的笑貌、舉止，身影、既熟悉又親切，心情頓時暢快起來。可是，到家後打開電視，情緒又滑到谷底，彷彿進入另一個混濁的世界。在過度氾濫的政治新聞裡，言行粗暴的民代、酷吏、名嘴、社運者，以接力式的咒罵、叫囂和肢體衝突，將原已緊繃的政治環境變本加厲地扭曲成打擊異己的擂台，也把台灣一分為二，非藍即綠、非統即獨、非友即敵，中間全無緩衝地帶。民主制度帶給我們自由的權利，但尖銳的意識形態對立卻使台灣的政黨政治淪為極端非理性的零和賽局，順我者昌，逆我者亡。這股泛政治化的浪潮正在席捲全台，惴惴不安的百姓只能概括承受，別無選擇。

二〇一六年大選造成第三度政黨輪替，本係選民擇優去劣的結果，屬民主政治之常態。可是在台灣，竟似打完一場成王敗寇的征戰，勝利者為了建立全新王朝，極盡掠奪、摧毀、侵蝕之能事。其實，在現代國家中，重大政策應有其延續性，不受政權更替的影響，以免人民無所適從。以兩岸關係為例，從一九八七年台灣開放探親以來，政府政策即走向「由分而合」的緩解路線；二〇〇八年開放大三通，更全面推動經貿文化交流、陸客陸生來台以及外交休兵等有助「化敵為友」的具體措施。卅年來，官方態度縱然隨著執政者立場有別而進退起伏，但維持兩岸和平已成朝野共識，民間的接觸更是人來人往，與日俱增。

如今，既定政策在一夕間變調，遭到波及的不只是台灣的安全、外交與產業發展而已；近來，連任何與中國、中國人、中國文化相聯結的人事物都可能被扣上「通敵賣台」的罪嫌，讓民眾有置身白色恐怖時代的恍覺。或許有人認為，民進黨執政是選民的決定，所作所為概由民意授權。問題是，蔡英文的競選政見何嘗提過當選後將與對岸「化友為敵」？更何況，她執意改變現狀，繞過九二共識的理由，僅是為了滿足少數人的仇中情結！我相信，當前的民意絕不樂見兩岸關係變得如此緊繃；我更相信，台灣民眾即便不認同共產政權，也不至於把兩岸民間交往與「通敵賣台」混為一談。大陸政策被民進黨全盤翻轉，已逸出政黨競爭的範疇，更加速形成泛政治化的歪風。

政治環境的殺伐之氣與庶民社區的友善平和恰成鮮明對比。台灣人民本性淳厚、熱情，寬以待人且兼容並蓄，非屬逞勇鬥狠的類型。走遍生活的角落，我發現人們對於生命的正向意義與價值觀的堅持、遠遠勝過對於族群或地域差異的偏見。在學校的課堂裡，同學之間親如手足，從不在意彼此的出身背景；在清晨的公園內，下棋、溜狗、運動、跳舞的男女老幼，成群結隊，歡喜交往，沒有任何藩籬與隔閡；在其他人潮聚集的商場、餐館、影院、寺廟或旅遊景點中，不論識與不識，也都微笑招呼，親切互動，以禮相待。像這樣一個滿載愛心，樂於互助與分享的溫暖人間，不就是台灣最令人稱羨的「美景」嗎？也不就是我們最彌足珍貴的資產嗎？

政府存在的目的，不是要挑起社會的衝突不安，而是要增益人民的幸福安樂。台灣社會因人而可愛，可別讓政治污染讓她變得面目可憎。

●救國民黨，先從批評做起

近兩三年，我曾幾度撰文批評國民黨高層治黨不力，友人勸說：國民黨已跌到谷底，何忍再批之責之？甚至有網民回應：檢討陳年舊事無異於「後見之明」。但我仍以為，想救國民黨脫困，必須深入追究失敗原因，再言興替之道。黨中央過去的領導偏差引致選戰潰敗，軍心渙散，形象下滑，至今內傷未見痊癒，而分裂風波又起，非經一番切中弊害的反省，勢難改善現狀，只會在困勢中載浮載沉，隨波逐流。一九四九年國民黨失去大陸，蔣公念茲在茲，於中常會上發出「退此一步即無死所」的警語，勉勵全體黨員要知恥知病，厲行變革，終能外禦強敵，內啟新局，重復中興氣象。

多年來，國民黨層峰一直犯「偏聽」的毛病，守在小圈圈裡，非我族類難入核心，以致昧於社會脈動，頻失制敵先機。究其根本，實應歸咎於久居權力中心者的偏執和私心，以及貴族階層所特有的因循怠惰習氣。

二〇〇〇年國民黨首度失去政權，智庫內不乏諤諤之士，紛紛提出改革方案，譬如：1.主動清理黨產，依法解決歷史陳案，一舉拋掉沉重包袱；2.把華麗的黨部大樓借供社會公益團體使用，黨中央遷去偏郊的青邨，以示臥薪嘗膽，矢志革新之決心；3.藉國民黨招募「永久黨員」之便，組建新世紀互聯網大軍，以盤整舊部，並擴大選民基礎。可惜言者諄諄、聽者藐藐，除了「籲請連主席訪問大陸」之議得以實現外，其餘皆未受採納，有些逆耳忠言甚至從未上達天聽。

馬英九執政八年，黨內建言盈庭，有人疾呼即時修正歷史課綱，有人提醒儘早規劃接班梯隊，有人倡議強化國發院功能以培育新秀，有人主張推動媒體公關，還有人力促整飭政風、改革司法等等，俱為亟待興革之舉措，但下場依然如泥牛入海，杳無影蹤。黨的體質虛弱，領導者不肯確診下藥，怎能期盼回春之日？如今國民黨處境益發艱困，中央將如何集思廣益，籌謀善策，以挽回頹局？關心國民黨的群眾都在屏息以待。

從近兩次政黨輪替得票數比較，即可看出泛藍勢力在這八年中的變化：1.二〇〇八年的支持者到了二〇一六年只剩下一半，約三八〇萬人。這群「死忠」黨員對黨的感情深厚且多為中山先生忠實信徒，無論國民黨是好是壞，走對走錯，都不離不棄，長相左右；2.另有數量相當的泛藍軍對國民黨感到極度不滿或失望，惟係出於「恨鐵不成鋼」心理，也不會支持民進黨，部分投給了親民黨，其餘則懷著「孤臣孽子」的悲情放棄投票，被稱為「含淚不投票群」；3.還有人見風轉舵或因理念改變而由藍奔綠。這類「變色龍」雖不多，但有與時俱增的趨勢。

國民黨決策不夠民主，是追隨者離心離德的主因之一。今天的領導人宜以更開闊之胸襟，禮賢下士，察納雅言，力圖喚回徬徨無依的失聯袍澤；其次應堅持用人唯才，公平推舉黨內菁英之士或具社會清望者競選公職，凡具有權貴背景之人選一律退居第二線，或先經基層磨練再予拔擢，以正社會觀瞻，並實現黨內正義，亦有助於爭取勝選；其三，恢復早期組訓機制，從各行業中廣納優秀同志，育成未來黨務骨幹。柱柱姐身負艱鉅，如欲重振黨魂，必須施展鐵腕，先發動一波足以撼動人心的改革。

浴火重生之路漫長又坎坷，有心救國民黨，就從批評檢討做起。

●不能屏除私念，何以翻轉頹勢？

幾個月前，遇到一位國民黨中常委，見她滿面愁容，不難體會出這名公忠體國的資深國民黨員，正為黨的處境、兩岸困局以及台灣前途感到憂慮。我向她做了簡單的分析：1.想要台灣好，兩岸必須保持和平穩定；2.想要改善兩岸關係，國民黨必須振作起來，縮小與執政黨的實力差距，以扭轉當前深綠的政策走向；3.想要國民黨重生，明年的縣市長選舉必當有所斬獲，而其中關鍵尤繫於首都之戰。若國民黨能一舉奪回具高度指標意義的台北市，不啻贏得半個台灣版圖，無論在聲勢上或實質上，都將產生宏大效應。因此，我請她建議黨中央：灌注最大心力於首都市長選戰，只許成功，不許失敗。萬一再度落選，繼續在野四年，甚至八年、十二年，更別說二〇二〇年重返中央執政難上加難，連二〇二四、二〇二八年的台灣，都將看不到蔚藍的天空。

從過去民選直轄市長的平均得票數來看，台北市民比較偏愛藍營候選人。或許，大都會居民的教育程度高，反射到投票行為上顯得更理性，也可能是由於生活資源以及就業機會、所得水平均優於其他縣市，才給予長期執政的國民黨更多支持。縱使明年的主要對手柯P近來聲望暴漲，相信國民黨參選人仍有放手拚搏、力挽狂瀾的空間。

可惜的是，國民黨中央依然固守前朝「不沾鍋」路線，亦即寧可把提名權交付「初選機制」，也不肯運用策略性作為規劃出最有獲勝機會的候選人披掛上陣，以掌握首都執政權；而本屆選舉更大開閘門，湧出一群「準市長候選人」，使得媒體聚焦模糊，也讓殷殷期待的藍營選民眼花撩亂，莫衷一是，支持力道隨之弱化，令人不得不懷疑是否有人暗藏黨同伐異的私心，才會不斷慫恿意願不高、信心不足的人士勉強參戰，以致攪亂選局？

黨內實踐民主，本屬可喜之事，問題是現行初選模式是否符合起碼的公正性與精準度？為何上屆黨內出線者在台北市長選舉中大輸對手二十五萬票？顯見制度本身流於偏頗、狹隘，經不起現實考驗，甚至還浮現出派系傾軋的鑿痕。回顧二〇一四年選前，連市井小民都能斷定「柯勝連敗」的結局，那麼當初不思變通、一意孤行的國民黨高層豈可在事後輕易推卸敗選的責任？而如今的決策者又怎能漠視前車之鑑，在強敵當前下，放任多頭馬車在陣前相互牽制拉扯，徒然削弱攻堅的力量？再說，日前北市黨部主委進行選舉，黨員總投票率僅為一九％，試問，類此過於簡化的黨內初選機制，如何撐得起一場關乎全黨興衰存亡的聖戰？

三年前國民黨敗選的主因，並非候選人不夠優秀，亦非台北市民政治立場急轉彎，而是黨內決策者對較有潛力一搏的人選丁守中冷淡對待，卻任由勝算渺茫的人選連勝文在不恰當的時機去打一場不對稱的戰鬥！其實，黨中央若有心培育青年人才，就該早早著手，安排他們從基層選起，逐步爬升，經過一段歷練與養望，自然水到渠成，即便是身揹「原罪」的權貴子弟，也同樣有資格晉身黨的接班梯隊並為選民所樂於接受。

明年北市選戰極其艱險，若國民黨無法推出條件最優越、形象最清純、最具正當性與合於民望的人選，並全力匯整資源創造勝選利基，恐仍將面臨未戰先敗的下場。

國民黨傷癒復起，將是全黨之幸，更有助於台灣政黨政治正常運行，但領導階層不能屏除私念以整合戰力，真不知將何以翻轉頹勢？

●為何而戰，為誰而戰

兩岸抗衡情勢愈演愈烈，北京苦候蔡英文對「九二共識」表態未果，招式轉軟為硬，先由退將、學者發出「武統」呼聲，隨則機艦航母繞台而行，意圖藉著戰鼓擂動以威嚇人心。一般推測，若雙方僵局不解，未來共軍極可能在海峽「定期演訓」。不過，台北方面倒是表現得有恃無恐，軟硬都拒吃，決心槓到底，日前因應緊張局勢，空軍戰機奉命升空監控，國防部長更迅速進駐衡山指揮所坐鎮，並承諾三軍部隊已做好準備，有能力擊退來犯敵人。看起來，蔡總統為了不向壓力低頭，將不惜走回對抗老路。

保國衛民，本為軍人天職，惟衡諸兩岸戰力，軍方展現大動作「應敵」，反而予人以虛張聲勢的感覺。想起兒時在眷村裡常見到青少年鬥毆的情景：當兩名體型大小懸殊的孩子起衝突時，大塊頭總是先捲起袖子、張牙舞爪，作勢欲撲，而小個子縱然內心膽怯，卻不甘示弱，雙手擺起架式，嘴巴上還喊著：「有種就過來」，為的是保持起碼的尊嚴。

國家的尊嚴當然是無限上綱，但仍須慎防因過度反應而引發擦槍走火，釀成原可防止的災禍。古人有云：「戰者危事，難保其萬全；兵者凶器，深戒於不戢」，《孫子兵法》中也有「非利不動，非危不戰」的告誡，皆值得今人三思。

日昨，觀賞某電視台報導遼寧號的新聞，現場主播特地將正駛入西太平洋的美國航母卡爾文森號以圖表詳作比較，最後的結論為：「美艦之噸位、裝備、飛機數與續航力，均大大超過遼寧號。」主播報到這裡，語氣突然上揚，面露自得之色，似乎在暗示：「美軍足以保護台灣安全」，也讓觀者產生「台灣屬於美國領土」的錯覺。時下的電視媒體慣於採用誇張、聳動的手法處理社會事件，但是面對如此嚴肅的課題，也以新聞八卦化的方式「深入報導」，莫非惟恐天下不亂？

其實，國人普遍感到疑慮的，不只是兩岸兵力的懸殊，更重要的是，我方的軍心士氣能否支撐與共軍全力一搏？國軍的三大信念係源自於麥克阿瑟揭櫫的「國家、責任、榮譽」，其首要之務即為「捍衛國家」。過去一個世紀以來，我英勇三軍健兒為中華民國的存亡絕續拋頭顱、灑熱血，事跡斑斑，史不絕書；然而，由於現今人類世界普遍厭棄戰爭，而台灣軍民的反共意識及戰鬥意志也不復往日，尤其在民進黨政府施政路線偏離憲法正軌，中華民國國家定位曖昧不明之現狀下，軍人是否仍願效法先輩救國救民的忠義精神奮勇殺敵？十分令人懷疑。身兼三軍最高統帥的蔡總統應冷靜評估，此刻台灣社會正陷於國家民族認同的矛盾中，而迎面而來的

「敵人」卻打著「反對台獨」、「統一中國」、「復興中華民族」的旗號，形成兩岸核心價值正反倒置的情況，難道不會導致國軍官兵心生為何而戰、為誰而戰的迷茫？

我堅信，對於所有生於斯、長於斯的台灣人民而言，忠愛國家、心懷鄉土，是一致的共識。不過，作戰首重士氣，而士氣端賴師出有名，無論武器再先進，裝備再精良，素質再優秀，若是硬逼著我們的子弟兵冒著炮毀槍傷的危險，打一場「迷糊仗」，豈能克敵制勝？至於，想要寄台灣的安全於「盟軍」的手中，更是完全不切實際的主張。

治軍一如治國，根本之道仍在於領導人信守憲法、遵照國策，踏穩正確的施政方針，把國家帶往光明的未來，始足以鼓舞全體將士官兵發揮高度責任心與榮譽感，善盡保障國家安全與全民福祉的重責大任。

●國民黨需要強有力的領導中心

距離國民黨黨主席選舉只餘一個半月。至目前為止，媒體對這場選舉的報導仍以負面新聞居多，甚至視其為一場爾虞我詐的黨內權鬥。不過，在國民黨聲勢持續低迷的此刻，任何一舉一動只要能引起社會矚目都不算壞事。更何況，採取開放式普選，難免競爭激烈，花招百出。大家真正關心的是，這場選舉的結果能否讓國民黨振衰起敝，浴火重生？

從過去的先例觀之，國民黨領導人的個人思維與行事風格，往往較其政治理念更能影響到黨的成敗興衰。日前馬英九在美國受訪時，坦承自己應為二〇一四、二〇一六年兩次敗選負責，總算是為他前後七年黨主席任期中，黨務鬆弛、組織崩頹、人才流失的敗象明確了歷史責任。我相信，

「一路走來始終如一」的馬前主席經過這段日子的震盪與沉潛，應已體會到「獨善其身」、「廉而不能」的領導模式並不適用於國內政治環境，而「恪守本分」、「不沾鍋」的君子之風更不足以作為未來黨魁的典範。

當然，國民黨的積弱不應只歸咎於馬英九一人。自李登輝以降，高層路線分歧使軍心渙散，黨內民主徒具虛名致決策功能不彰，當權人士闇弱無能或私心自用，難以開創精誠團結的中興氣象，都是遠因。早年威權時代，國民黨人最常掛在嘴邊的，就是「鞏固領導中心」，時時不忘呼籲全體黨員矢志效忠最高領袖；對岸的共產黨亦復如是，每逢會議，台上官員都會振臂高喊：「要緊密團結在以總書記為核心的黨中央周圍」。類此辭令，聽來充滿封建意識，不過對於政黨內部嚴明紀律、凝聚共識、貫徹使命，容或有一定的實用效果。

當然，習慣於民主生活的現代公民，不會再回頭支持「神格化」的權威領導方式，但此刻的國民黨確實需要一位具有大智慧、大魄力、能受到全黨上下衷心擁戴的主席，始能號召人心，重整旗鼓，奔回選舉戰場。最近遇到幾位眷村老友，發現他們迄未擺脫對國民黨的失望情緒，堅持不繳黨費，亦不投票，足證國民黨的新領袖，必須擁有強化黨員向心的爆發力。

眼前六位角逐者，均為政壇碩彥，但彼此互有長短，各擁資源，形成割據之勢，如同民調顯示：「支持度分散，無一超過半數」。假若新主席選出後，黨內依舊四分五裂，將無以構成強固的領導中心以肩負重任。

仔細觀察一下各人的優勢特徵：有的老成持重、歷練豐厚、深諳韜略；有的溫文理性、兼容並蓄、廣結善緣；有的剛毅果敢、機智靈敏、勇於突破現狀；有的踏實穩健、掌握社會脈絡、熟稔基層民情；有的膽識過人、無懼權勢，每能衝撞橫逆、鼓動民心。六位候選人可謂各擅勝場。

既然六人的強項不可能集於一身，任何一位當選恐怕都會感到雙肩沉重。我認為不妨在選前簽訂參選公約，明定落敗者應在選後盡全力輔佐新任主席，以免資源流失，力量分散，甚至從此釀生嫌隙；黨中央則在主席辦公室內設立「最高黨務顧問小組」，由主席召集之，其他五位候選人為當然成員，俾能群策群力，發揮集體智慧，以強化領導核心。畢竟，國民黨已無再度分裂的本錢。

我們竭誠期盼國民黨再起，除了私情之外，尚有公義。卅年來，台灣民主政治發展的陣痛給了大家深重的教訓，惟有維持兩個實力接近的政治勢力相互競爭、彼此制衡，才是社會之幸、全民之福。

• 商場老手川普，攪亂世局

二〇一六年十一月美國大選前夕，一群散居國外的親友，透過社交網路熱烈討論選情。其中，贊成希拉蕊者，僅有少數是看重她的從政資歷，大部分是因為不恥川普的私德，視他為典型的奸商、壞男人；反之，聲援川普的人，則認定希拉蕊貌似正派卻口是心非，且對於這種出身世家、占盡名利權位的政客深感厭煩。因此，這場選戰應該稱不上「選賢與能」，喻之為「兩害相權取其輕」更為合宜。據說在美國，也有不少選民覺得自己被迫在「偽君子」與「真小人」當中做了抉擇。

選舉揭曉，川普險中取勝，激起正反兩極聲浪。不過，無論「挺川」或「反川」，很少人會料想到這位桀驁不馴，言辭夸夸的庸俗商人，竟於短短半年內在國際間大顯身手，威勢驚人，讓全球都為之震動。

從當選之日起，川普即不斷向各國放話，挑明敵友關係。特別在亞太方面，他先與日相安倍熱情會面，結為盟友；又破例與台北通電，給小英總統帶來無限憧憬，也讓習大大坐立難安，只能下令嚴陣以待，靜觀其變；隨後，他高調抨擊平壤，氣得金正恩暴跳如雷，遂亂射飛彈以洩恨；接著，再以強硬的態度祭出薩德飛彈，宣示美韓聯手防禦的決心，成功誘使青瓦台俯首稱臣，不惜與中國疏遠；這時候，才向北京遞出橄欖枝，以一場習川會，滿席奉承話，達到賓主盡歡的成果，而亞太諸國盡入囊中矣！

平心而論，一位初試啼聲的素人總統，帶著渾身的霸氣、多變的嘴臉和狡黠的手段，便能在國際舞臺上縱橫稗闔，多所斬獲，著實令人刮目相看。如今，在粉絲們的心裡，川普或已成為銀幕上American Captain的化身；不過，在世人的眼中，他可能更像隻凶暴的迅猛龍或酷斯拉，正在一步步攪亂整個地球。

用非專業的標準觀之，川普的外交思維可歸納成以下幾點：第一，「美國優先、利益至上」。他反對全球化，所以退出TPP，企圖調整中美貿易，減縮移民入境，另方面卻仍以霸主姿態介入區域紛爭，唯一目標就是要「讓美國再度偉大」。在他的字典裡，想必沒有「道義」二字；其次，「飄忽善變、不可預測」。川普舉止輕率，性情無常，與人交好或結怨，每每出乎意表，不管對手是習近平、普丁，還是金正恩。有句廣告台詞曰：「你捉不住我！」用在川普身上最為貼切；第三，「分化離間、合縱連橫」。川普擅於「打群架」，他立場反覆，意向模糊，穿梭於敵友之間，真偽難辨，是個擅用謀略的高手。譬如他攏絡台、日、韓、菲，並在亞洲駐兵、舉行軍演，無非是要壓低中國氣焰，甚至為己所用。然而，一旦北京立場軟化，朝核解套有望，中美經貿端上談判桌，這些「忠實盟邦」的利用價值必大幅縮水。難怪最近華府為薩德飛彈向韓國要索天價，對日本、台灣的軍售與進口商品也會源源而來，就連各國大型企業都紛紛向美國輸誠，前往投資設廠，增加就業。看起來，川普雖為政壇新貴，徹頭徹尾仍屬商人性格，欲從國際政治學的角度去研究他，倒不如在商場縱橫術的案例中去找尋線索。

據聞，國民黨高層寄望郭台銘循「川普模式」競選總統以逆轉困局，想法似過於天真。姑且不論國民黨之弊病係在於「治黨者」而非「治國者」，即使郭董願接受徵召，並選上總統，奈何其人臉皮不夠厚、心眼不夠壞、手段不夠辣，空有抱負與能力，怕也做不到「川普第二」吧？

●給吳敦義主席的建言

國民黨第七屆黨主席選舉，經過六人激烈角逐，由吳敦義以十四萬四千餘票當選，因其得票超過半數，或將有利於未來黨主席權力的鞏固與行使，也為重振國民黨聲威，創造浴血重生，東山再起的契機增添助力。

雖然如此，上任在即的吳主席必定感到雙肩沉重，扛在他後背的是國民黨漸失民心的歷史包袱，橫在面前的是奪回政權的艱鉅使命，而手邊還有癰爛潰散、百廢待興的黨內事務急需徹底整頓。筆者本於言責，願向吳敦義先生提出幾點芻蕘之見。

第一，本屆黨主席直接面臨的挑戰就是二〇一八年的縣市長選舉，而其中首要之務，應為全力贏回台北市長寶座。以目前藍綠版圖觀之，二

○一四年縣市長選舉，國民黨僅得六席，而民進黨占十三席；二○一六年立委選戰，國、民兩黨席次比逆轉為35：68；同年總統大選，蔡英文得票六八九萬張，超過朱立倫三百萬張以上。雙方差距十分懸殊，若想一舉扳回半壁江山，恐非朝夕之功所能奏效。

惟就台北市而言，自民國八十三年改制民選以來，得票數多以藍軍為眾。惟一例外是三年前的柯連之爭，當時國民黨之所以慘敗，厥為黨內離心離德，黨外民氣盡失之故；況且兩位候選人背景對比強烈，予人以「權貴與庶民對陣」之聯想，無奈黨內決策者明知其不可為而為之，自無致勝之理。如今事過境遷，情勢轉為有利，正是揮軍北市，收復失地的絕佳機會。再者，台北市乃首善之區，動見觀瞻，中央機關、各大企業、傳播媒體等莫不聚集於此，一旦奪回執政權，對於國民黨來說，絕不止於象徵意義，更具有高度戰略價值。不過，基層黨員心中陰影猶在，惟恐黨中央重蹈覆轍，逆勢而為，甚或師心自用，因人廢事。因此，雖說候選人需經黨內機制決定，但仍應以最具勝選實力者為優先考量。吳主席善於調和鼎鼐，相信能不負眾望，推出最佳人選，以斬將奪旗，得勝而歸。

第二項要務，則為組訓工作。政黨的天職，即為動員群眾，打勝選戰，爭取執政以實現理想。倘若領導人任由組織鬆弛、人心渙散、菁英流失，則何以呼群保義，博得民意支持？早期的黨員訓練係由革命實踐研究院（現稱國家發展研究院）擔綱，專事徵求天下英才，透過訓練以蓄積能量，充做未來從政的人力資源。接受培育的對象還包括各行各業的青年領袖，甚至無黨籍傑出人士，俾能納為國民黨的支持者或代言人，以擴大對全民的接觸面與影響力。我認為，國發院被長期閒置，是國民黨傾頽的原因之一，而快速招收優秀人才並及早投入試煉，則是重返執政的必要手段。

至於組織的發展，宜保持恆動狀態以與時俱進，各級黨部若不能與廣大民眾相結合，產生休戚與共的緊密關係，則難以生根發芽，開枝展葉。吳主席出身基層，循序而上而位列公卿，當然比空降高官更瞭解民間疾苦，也更懂得如何擁抱群眾。尤其他常以經國先生的提攜為念，就應深諳「永遠和民眾在一起」，絕非只是口號而已。

此外，睽以當前的政治生態，地方政府的政治力幾已凌駕中央之上。這些重要公職，應儘早規劃適當人選，使其浮上檯面，適時曝光以儲養德望。回顧過去五都、六都選舉，國民黨的口袋裡除了幾名此仆彼起，屢敗屢戰老面孔外，就是些沾親帶故的世家之後，選民已感厭倦。其實，國民黨內濟濟多士，可惜未及時培養，才致臨敵之際現出捉襟見肘的窘境。早年兩蔣時代曾拔擢地方俊彥無數，都是詳為籌謀、細心運作下的手筆。

國民黨能否再起，另關乎台灣民主政體的健全發展，我們至盼新任主席上任後能以歷史為鏡，以前車為鑑，大刀闊斧進行創新改革，以竟全功。

‧川普擋道，移民夢醒

美國前總統歐巴馬於二〇一二年頒布的「童年入境者延遲遣返」法令（DACA），雖已惠及八十餘萬名境內年輕移民，也引爆贊成與反對的兩極聲浪，雙方針鋒相對，互不退讓，直到種族主義色彩濃厚的川普上台後，華府政治圈顯現「西瓜偎大邊」效應，九月初由司法部長賽辛斯宣布，除非國會另行提案，DACA將在半年後走入歷史。不過，連日來的抗議浪潮迫使川普與民主黨領袖們關室密商，可能的妥協方案是，先強化邊界安全，再設法保障移民二代的福祉。

DACA計畫源自於為非法移民爭取居留權的「夢想者法案」（Dreamers Act），規定二〇〇七年前抵美的十六歲以下非法移民，若符合特定條件得以暫緩遞解，並可繼續就學或工作兩年，以觀後效。歐巴馬的立意良善，因無辜孩童隨父母入境時，可能昧於自己的非法身分，從未在其他國家長期住居或不諳英文以外的語言，故美國政府理應在他們成長之後，提供一個「圓夢」的機會。目前，美國境內的非法移民人數在下降中，但仍達一千一百萬人，多數來自鄰國墨西哥及其他中美洲國家，其次為亞洲族裔。

美國政府把外人在美居留的權利比喻為「夢想」，似乎有點自我炫耀的味道，但無可否認地，建國僅二四一年的美利堅合眾國，向來是世人眼中的「黃金國度」。除了自由、民主、富強以外，最令人心儀的，概屬其「人類生而平等」的立國精神，足以讓全體國民棲身在一個多元種族文化的和諧社會裡，享受幸福人生。

在上個世紀裡，超過四千萬來自世界各地的新移民投入美國懷抱，其中不乏天賦優異的才俊碩彥，他們甘願用本身的智慧、技能或畢生的心力奉獻，換取在星條旗下實際生活的體驗，而大量楚材晉用的結果，亦有助於美國持續繁榮壯盛。至於在低度開發國家中慘淡度日的人們，更不惜代價，前仆後繼地設法擠進美國的窄門。久居美國的外裔人士都有一個共同感受，政府部門中最「老大」、「官僚」的，首推「移民歸化局」（現改制為「國籍及移民服務局」），根本原因就在於它有權決定任何人的「美國夢」能否如願以償。但也有人說，美國的移民事務官署裡總是大排長龍，人滿為患，不正是這個國家「偉大」的象徵嗎？

一九七〇年代，台灣社會已初嚐經濟起飛的果實，但移民新大陸的風潮方興未艾。大批工商界人士透過跨國投資成為美國公民；許多取得高等學位的留學生，為了一張「綠卡」，寧可屈就最基層的在地工作，放棄返台後的美好前程；記得那段期間，還發生過幾起軍方派遣赴美受訓的優秀軍官集體「跳機」不歸的事件。

然而，數十年滄海桑田，星移斗換，今日的山姆大叔已非昔比，內部經濟衰退而國力不振，對外則因過度干預區域紛爭卻又無力排解，漸失盟邦的向心力，更為自己蒙上恐怖報復的陰影，以致「世界警察」、「全球霸主」的地位不保，國際間的正義形象也消蝕泰半。如今，各國菁英之士到美國鍍金的熱情大幅降溫，而甘冒違法風險闖關入境的，也只剩下來自貧窮、戰亂或極權國家的苦難百姓了。或許，這才是川普總統嚷著要縮緊移民政策的初衷。

一百多年來，矗立在紐約愛麗絲島上的自由女神，見證過無數歐陸「夢想者」遠渡重洋初抵美國時喜極而泣的動人畫面，而今，種族大熔爐的餘燼將熄，她所面對的卻是移民者的「夢醒時分」。

●選戰如戲，真假難辨

距二〇一八年地方選舉還有將近一年，但濃濃的煙硝味已布滿全台。由於本屆選舉等同二〇二〇年總統大選的前哨戰，影響重大，藍綠陣營都不敢等閒視之；另外，選舉結果也可算是蔡英文總統第一個任期的期中考，大致反映民進黨二度執政的成績。因此，政府各部門紛紛上緊發條，力求在內政、經貿、社福及轉型改革等政策上能取得社會共識並順利推行，務使在選前能拉抬蔡總統和賴閣揆快速下滑的施政滿意度；至於在地方選區，現任縣市首長更卯足全勁推動各項城鄉建設以尋求連任，非現任的候選人也摩拳擦掌，審度情勢，準備攻城掠地，斬將奪旗。

這段期間裡，政黨與參選人最關心的事，不外乎民調支持度和媒體曝光率。的確，選民的態度與傾向必須透過民調才能看出端倪，且民調支持愈高的人愈容易爭取游離選民的青睞而拔得頭籌，也因此故，民調上的表現遂成為各政黨提名候選人的主要依據之一。不過事實證明，並非每次民調數據都能預測實際得票的多寡，原因在於執行單位的取樣和調查方法未必合於科學標準，甚至還會摻入操作者的主觀意願而發生偏差，誤導選戰走向。以二〇〇〇年總統大選為例，陳水扁的勝出和選前連、宋陣營各自所做的選情調查大相逕庭；再看二〇一六年台北市長選戰，國民黨黨內初選的民調支持率與選舉結果相差了十萬八千里！即使西方國家的重要選舉，也常出現令民調專家跌破眼鏡的意外結局。何況，台灣民意如流水，此刻候選人領先或落後與否，或能當作參考，絕非最終勝負的唯一指標。

談到傳播媒體，當然是重要的造勢工具，每位參選者都熱切期盼媒體「關愛的眼神」，以搶到在版面或螢幕上亮相的機會。尤其在現階段，無論是擴大個人知名度與公眾印象，或是取得政黨初選的提名資格，媒體都具有推波助瀾之力。惟近年來傳統媒體受到政商勢力滲透，公信力不如以往，若處理不慎反易造成負面效果；倒是近年來新興媒體大幅侵蝕傳統市場，政治人物熱衷於爭取網路世界裡的年輕世代，乃競相以青春、活力、創新的模樣自我包裝，以贏得認同。值得注意的是，相關研究尚未出現可信的數據，足以證實社交網路的粉絲數量一定能換算成等比例的選票。檢視近期的案例，台北市長柯文哲和美國前總統歐巴馬都曾巧於運作網路動員而在選戰中得利，但若考量到特殊時空因素及其他主客觀條件，成功的先例未必放諸四海而皆準。

遺憾的是，參選人為了博取民調佳績與媒體觸及，往往挖空心思，各逞其謀，採行浮誇、矯飾的公關技巧冀圖招引公眾的注意力，其中許多僅限於選前宣傳之用的善言懿行或政治承諾，到了選戰結束之後，可能盡皆拋諸雲霄之外，有如「船過水無痕」一般。最無辜的當屬廣大的選民，經歷這一幕幕真假難辨的「選舉大戲」，早已被折磨得頭暈目眩，以致麻木不仁了。

在西方民主選舉中，選民特別注重候選人過去的政績和私德，也就是能經得起長期考驗的個人形象，而非在選前臨時抱佛腳的虛假言行。台灣的民主政治若想有步上正軌的一日，選舉參與者應率先秉持忠勤誠懇、表裡如一的態度，踏踏實實地從事長期耕耘，而社會大眾也必須睜大眼睛擇優而選，不可昧於譁眾取寵或巧言令色的政客嘴臉，以致汙衊了手中那張神聖的選票。

社會篇

●新媒體貫穿世代，征服全球

二〇一六年號稱台灣ＯＴＴ戰國元年，包括美國Netflix、法國Daily Motion、大陸愛奇藝以及本土廠商LiTV都宣布進軍本地視訊市場，外界預期台灣的影視產業又將「地動山搖」。

ＯＴＴ為「「Over The Top」」的縮寫，係指網際網路業者利用寬頻網路傳輸平台直接向用戶提供視頻或數據等應用服務，不再讓平台經營者分一杯羹的經營模式。如此「抄短徑」的商業手法，不但能獨攬利益，也可提供更豐富的內容。正如其他成功的科技升級一樣，ＯＴＴ的風行至少帶來兩方面的影響。

就需求面來說，一九九三年的《有線廣播電視法》，讓台灣的天空開放，民營廣電崛起，有線電視一舉取代無線三台成為最受歡迎的媒體，普及率快速攀高至八成以上，惟限於台灣市場狹小等因素，久而久之乃造成言論集中、資訊單一和市場寡頭的產業型態，屢受非議，直至網路時代來臨，媒體生態結構才獲得改善。如今OTT來勢洶洶，再度衝擊資訊娛樂供輸平台的業態，也會給本地消費者更多元、迅捷、廉價的視聽選擇。

不過，對傳統媒體業者而言，可謂雪上加霜，從此市場競爭益形劇烈，獲利將更不如前。根據統計，二〇一五年台灣五大媒體廣告量持續呈現負成長，總收入僅四一七億元，比二〇一四年減少三〇億元。特別在電視方面，全年營收下跌二〇%，經營者大嘆前途堪虞，而因應之道除了咬緊牙關壓縮成本外，也只有「隨波逐流」一途，硬著頭皮擠向新媒體市場！

廿一世紀湧起的傳播科技浪潮席捲全球，放眼未來，後勢有增無已。

根據財團法人台灣網路資訊中心的資料顯示，我國上網人數約一千九百萬人；其中，十八至三十歲年輕族群上網率達百分之百，網民最常從事的活動仍以社交功能之「上網路社群」所占比例最高，其次為「使用即時通訊軟體」以及「瀏覽網頁」。看起來，全世界的人都已無法避免鎮日留連在電腦或手機顯示器的方寸之間，收發訊息、表示觀點、汲取新知、探索奧祕、聯絡情誼和拓展關係了！

我的兄弟姊妹眾多，因幼承庭訓，人人恪遵家教。小時候母親時時對我們耳提面命，並且令出必行；到了留學海外期間，亦經常以書信或錄音帶傳達訓令，分寄萬里之外的兒女「閱辦」；如今她已屆九旬高齡，子孫數十人，散居世界各地，仍亟思與時俱進，最近練熟了LINE、WeChat、E-mail等社交軟體，頻頻與晚輩們溝通聯繫，充分利用其即時、互動、免費和跨國界、一對多的傳輸功能，真是一舉多得！由此可見，「傳播新科技貫穿世代、征服全球」的說法，洵非虛言。

社會心理學家的隱憂是，未來人與人、面對面接觸的機會將持續減少，但資訊科技的研發者卻洋洋自得，樂此不疲，畢竟現代人透過新媒體社交網絡足以大大擴張日常生活的圈子，也讓人際間的溝通橋梁得以突破時空的限制。更重要的是，儘管一波波科技革命為人類社會所帶來的改變有利有弊，但人們對新媒體產品的終生依賴度卻更加牢固。

根據外電報導，國際主流智慧型手機銷路，在經歷爆發式成長之餘，似已露出疲態，趨近飽和。這是否意味著，當傳播載體的技術達到極限之後，市場重點又將回歸於內容質地的優劣？果如是，ＯＴＴ大軍挺進台灣市場，或許真會誘發出網路平台上一片萬紫千紅、花團錦簇的園景？我們拭目以待！

●為華航獻上祝福

華航空服員大罷工行動成功落幕，創下台灣勞工運動史上多項紀錄，也為社會大眾帶來幾個啟示。

首先，最應該肯定的是華航空服員工會以及參與行動的兩千多名職工所表現的決心與勇氣，斯能在高度壓力之下，團結意志，堅持到底，終於一鼓作氣直搗黃龍，達致全勝的戰果。尤其，抗爭不過兩天，街頭靜坐僅僅五小時，過程理性平和，完全沒有煽情的言詞或粗暴的行為，堪稱一場平民寧靜革命，也可謂為街頭運動的典範。

成功並非偶然，運籌帷幄者必有過人智慧，罷工活動選擇的時機、地點、訴求，以及媒體運作的策略與技巧都恰到好處，才會普遍激起民眾的同情與支持，且其強度足以在罷工當時抑制住因空運癱瘓引起的騷動以及非空服類人員心理的不平與怨懟。當然，帥哥美女組成的美麗隊伍，表現出舉止溫文，吐屬不凡，進退有據的風度，也在電視畫面中為罷工行動頻頻加分，更連帶使得社會大眾一改過去對空中「少爺」、「小姐」們個個高薪、貴氣、嬌嫩的刻板印象。

有贏家就有輸家，除了受到牽累的兩萬多名旅客之外，罷工行動讓華航營運受阻及財務虧損，企業形象更遭到嚴重傷害。固然滿腹委屈的華航管理階層也有話要說，但是冰凍三尺，勞怨早露，卻未能預作綢繆，先為化解，實屬無可推卸的責任；至於罷工當晚，幾乎舉國焦點都在南京東路上，華航高層幹部居然還堅持照原定計畫在桃園為卸任老董舉行歡送餐會，遂於消息外洩之後備受責難。以一個國家航空公司的領導團隊而言，對內疏於監督，對外昧於民意，就已構成不適任的要件了。最近，外界將國內交通建設弊病叢生，歸咎於人謀不臧，甚至有所謂「交通幫」壟斷交通事業重要人事之種種傳言，這場華航員工抗爭事件勢必更將加重社會大眾的疑慮。

華航新任董事長何煖軒正好在事發當天就任，臨危受命之下，與勞方代表協商，迅速達成共識，結束罷工，弭平危機，故而獲得不少掌聲，算是亂局中的小小贏家。不過，他以新官上任的氣勢與政治本錢，一聲令下就把勞方的七項要求照單全收，倒也稱不上是什麼「危機處裡高手」，勞資協商更不能說是「圓滿成功」，畢竟，由今天起，華航內部人事管理的公平性將面臨新的挑戰，而勞資之間的嫌隙也尚待縫補。何董事長個人政治色彩強烈，行事風格頗具爭議性，入主華航後能否秉持廓然大公的態度，徹底整飭歪風，凝聚士氣，以振衰起敝，重拾社會大眾的信心，頗受關注。

華航，是國內歷史最久，規模最大，航線最多的航空公司，因為具有國營事業的地位，素來倍受寵遇，但也負載著不小的包袱，以致在經營效率與品牌信譽上不及民營的後起之秀——長榮航空。但願這場抗爭風波能成為老字招牌浴火重生、再創新猷的轉捩點，也相信所有愛護華航的老顧客們，都會獻上誠摯的祝福。

●電視名嘴是「台灣之寶」？

一位上海朋友訪台歸來，除了對美景、美食和人情味讚譽有加之外，還特別對此間電視政論節目中的「名嘴」感到激賞，認為是「民主社會的具體表徵」，可謂「台灣之寶」。

友人的評語其來有自。儘管大陸崛起之勢迅猛異常，其當前體制距民主法治的普世標準尚遠，原因之一即在於社會缺乏制衡力量，公序良俗全賴行政權維繫，一旦公權力生鏽，社會難免陷入混亂，至於輿論對政府的鞭策，也仍然不脫「網路流言」的模式。而台灣媒體在民營化之後，充分享受言論自由權，頗能發揮公共監督的功效。電視台雖在過度競爭下，因陋就簡，內容貧乏，其新聞評析節目卻獨樹一幟，塑造出一批政論名嘴來擔綱，每在重大事件發生時，主導輿論，引起迴響，不失為舊媒體的一項新創意。

電視名嘴，有其個人條件。首先，要口齒便給，說話如舌燦蓮花，敘事如行雲流水，一旦取得發言權便滔滔不絕於口，止於其不可不止。如同美國的電視新聞主播要能每分鐘播報一百八十個字以上，這種語言能力多為與生俱來，非常人所及。

其次，名嘴節目的話題鋪天蓋地，無所不包，隨手捻來都必須說得井井有條，頭頭是道。不過，名嘴之中固多飽學之士，但絕非個個上知天文、下通地理，只因長擁話語權，乃具有獲取資訊的特殊管道，成為庶民百姓的代言人，內幕消息的「入口網站」。許多埋藏在陰暗角落的醜聞，常由權威名嘴率先揭露，經過媒體擴散，才讓外界了解到來龍去脈。譬如，一向門禁森嚴的國防部近年來紕漏不斷、糗事連連，若非電視名嘴扮演啄木鳥的角色，把真相連根刨起，小市民豈得窺其究竟？至於眼下公眾人物間有不慎不當行為，莫不被名嘴搬上螢幕痛罵狠批，若竟涉及貪贓枉法情事，還可能遭到未審先判的下場。

追溯名嘴節目，始於電視台「窮則變、變則通」的經營策略，製作單位為了撙節成本，乃去繁為簡，便宜行事，只消邀請幾位來賓到場縱論時勢即可，若遇到火爆內容，還可兼收拉抬閱聽率之效。早期的來賓以報刊警政路線記者為主，後以節目闖出品牌，民代、學者也趨之若鶩，各政黨更視其為重要文宣管道，定期派員與談，為「黨」宣傳。從此，政論節目日漸走紅，電視名嘴也水漲船高，揚名立萬。

不過，名嘴節目最近的表現，頗有引人訾議之處。第一，少數名嘴偏好做秀，口無遮攔，過於情緒化，違反理性論事的基本精神；還有些人胸無點墨，缺乏識見，光憑一股敢於衝撞的蠻橫勁兒在節目中聲嘶力竭，居然也盤踞一席之地；第二，同台演出的名嘴似乎總跟著節目既定方向鎖定批判對象，統一口徑，群起攻之，偶有持反面立場者在座，也像是聊備一格，顯得孤掌難鳴。看來自詡為「社會良心」的名嘴已受制於電視台立場，向特定政治勢力傾斜。日昨見某名嘴一夕間遊走各台，竟隨著各頻道的「政治調性」而起舞，對同一議題表達相左立場，不啻於自毀「資深媒體人」形象。

在台灣邁向民主化的道路上，媒體和民意機構、公民組織一樣，都是守望社會、制衡權力的公器。倘若新聞評論者的理想性也被收視率主義和媒體政治化的濁流所淹沒，必將造成民主台灣的巨創。

‧驚豔的內蒙古之行

過去對內蒙古的印象不深，只有在教科書上看過這個地名，另外就剩下武俠小說裡一些片片斷斷的描述。直到二〇一六年七月上旬，一次難得的家庭旅遊，才讓我見識到大漠風情的真實樣貌，驚豔之餘，至今縈繞腦際，難以忘懷！

一九四五年外蒙古脫離秋海棠版圖，獨立建國，留下了「漠南四省」——寧夏、綏遠、熱河、察哈爾，是為內蒙古，其中寧夏在中共治下仍設省，其餘部分成為現今「內蒙古自治區」的主要範疇。趁著暑假，一家三口分別從台北、上海、洛杉磯分頭前往北京，再轉機到呼倫貝爾市的海拉爾。從地圖上看去，北京到海拉爾只是一「小」段距離，實際卻超過一千三百公里，足足飛了兩小時。在之後的漫漫路途中，我們經由當地友人的解說，逐漸揭開內蒙的神祕面紗。

呼倫貝爾是自治區九個地籍市之一，以境內「呼倫」及「貝爾」二湖而得名，又為世界四大草原之一，全市總面積二十六萬二千平方公里，相當於台灣島的七倍有餘！由於幅員遼闊，來訪的遊客，鎮日都在景點之間疾馳，我們在六天當中「長征」了三千五百公里的長路，到了景區也要下車步行好一陣子，每晚上床前，手腕上的計步器總是顯示出破表紀錄！原本暗暗擔心一家人的體力不濟，所幸在主人悉心周到的安排下，老小均安，且一路上大開眼界，廣增見聞，獲益非淺。

對於初履斯地的中原人士而言，內蒙古猶如世外桃源，一旦入境，就再也聞不到外界的氣息，所接觸到的都是純屬蒙古民族的生活方式與文化遺風；放眼望去，盡是無邊無涯的大草原，和星羅棋布的牛羊、牧人和蒙古包，沒有一丁點兒現代工商業留下的痕跡。在地的居民雖然以漢人為多，卻承襲少數民族的傳統飲食、休閒、娛樂習慣，且樂此不疲，深以為榮，堪稱漢民族被異族「同化」的罕見例子。

內蒙人慣於在馬背上御風馳騁，下了馬則大塊吃肉、大碗喝酒，面對遠方來的朋友，尤其慷慨熱忱，先圍上祈福的哈達，再奉上食物和水酒，宴席間主人與陪客一一起身獻唱，以娛嘉賓，他們爽直豪邁的作風，叫人不飲而醉。當地傳唱的歌曲多為詞文優雅、音律高亢的民謠，內容則是對草原大地的深情呼喚，或是向父母親人表達感恩與思念。蒙籍作家席慕容女士寫的一首「父親的草原，母親的河」被譽為經典之作，幾乎人人都能朗朗上口。

最後兩天停留在大興安嶺側的阿爾山，一座典型的山城，也是溫泉之鄉，當地出產的礦泉水遠近馳名。小小市鎮裡全是圓頂尖塔的俄式建築物，色彩鮮豔而風格獨特，宛如置身異域。周邊環繞著一個占地一萬多平方公里的國家森林公園，讓小鎮顯得格外安詳寧謐，我們驅車而過，街道上幾無吵雜與喧嘩，只有三三兩兩、悠閒自得的居民漫步其間，看到他們把「小確幸」的感覺寫在布滿微笑的臉龐上，很難不讓人興起豔羨之情。

蒙古部落的形成，早在商周時代即見諸史籍，當時與匈奴、突厥、鮮卑等族群分據大漠南北，後統稱為蒙古族，因不時為逐水草而犯邊，成為中國歷朝的隱患；及至成吉思汗統一北疆，忽必烈入主中原，蒙古人一度稱霸於世；十四世紀中葉，被明太祖擊潰，大汗雄風即成過眼雲煙；民國前後，內蒙古地區屢經日寇、偽滿的侵擾，於一九四七年成為第一個少數民族自治區。

如今，草原之上依舊大旗招展，牛羊成群，蒙古包裡傳來陣陣和著馬頭琴韻的悠揚歌聲。趁著落日餘暉，一家人挨著可汗宮前鐵木真的神武雕像拍照留念，在臨別前抓住最後一抹歷史的榮光。

●小市民要的不多

台灣人對自己的生活現狀是否感到滿意？各縣市居民對地方政府的施政觀感如何？答案可能見仁見智、眾說紛紜。不過，從每一年媒體所公布的縣市長評鑑調查結果，可以看出端倪。

以二〇一六年《天下雜誌》所作的評鑑為例，民眾對地方政府的感受各有好惡，但有兩個共同現象：第一，首長的滿意度，與兩年前「九合一」選舉時的得票率並不一致。幾位高票當選的縣市長，由於在選後的表現未如預期地貼近主流民意，故而漸失民心。最顯著的就是台北市長柯文哲，柯P曾被視為萬眾擁戴的「庶民英雄」，二〇一七年竟然滑落至二十二縣市中的倒數第二名；反而幾位得票不多或險勝過關的縣市長，皆以政績卓著而人氣飆升，如高居榜首的連江、金門縣長與擠入前十名的台東縣長、新竹市長等。

第二，所有縣市長的平均施政滿意度下降，不滿意度卻增加。可見地方事務繁雜，無論效率高低、政績好壞，要做到面面俱到，顯非易事，連再度高票當選的陳菊、賴清德兩位明星市長，近來也受到天災人禍的牽累而頻頻公開向市民道歉。

說起地方施政良窳的指標，政治學者都把焦點放在政府的治理能力上，尤其著重於整體施政的成效，像是城市經濟發展與競爭力，以及治安、交通、醫療、休閒、社區服務資源的齊備與提供等等。然而，大多數小市民是摸不透大方向的，只能「見林不見樹」，總是以個人自身體驗為出發點。以首善之都的台北市來說，雖已具備「小確幸」的生活條件，但有許多關乎市民福祉的「小事兒」都未加整治，柯市長如能展現魄力，革除積弊，施政滿意度自將大幅提升。

一般小市民最關心衛生問題。過去常發生污染和過期食品事件，還有餐館食物不潔以及學童集體食物中毒等意外，都讓大家忐忑不安；另外，生活周圍的骯髒與亂，也容易藏污納垢，衍生病菌。如果掀開大都會的華麗外衣仔細看，會發現在大廈樓梯間、夜市攤位上、公園草叢裡、巷弄角落中，都暗藏著腐壞、骯髒的一面，成為台灣最「醜」的風景。這些「都市之瘤」都等著公權力來加以掃蕩。

再者，是交通問題。台灣的汽車文明已有卅餘年歷史，台北市民也自詡文化水平最高，但人為的交通事故仍不斷上演。從媒體上隨時可見超速、闖紅燈或酒醉駕駛者肇生事端，且都付出傷人害命的巨大代價。過去，我們常以美國交通警察取締違規車輛的高效率，做為範例；而今天，就算是相對落後的中國大陸，駕駛人也都在嚴刑峻法的制約下，表現出戒慎恐懼的態度，以致行車秩序與安全大為提升。美國、中國大陸都能，台灣為何不能？

噪音，也是惱人的問題。對於台北市民而言，上下班時段奔馳於主要路段的大批機動車輛所發出的隆隆巨響，已成為眾人的「共業」，更被外國遊客稱之為「現代奇觀」；除此之外，竟還有駕駛人故意拆除車子的滅音器，加倍放大刺耳的音量，藉以炫耀其超跑名車或飛馳技術，不但在白天破壞安寧，甚至在深夜裡也肆無忌憚地呼嘯而過，擾人清夢，懾人心魄，莫此為甚。類此行徑，只有在人文素養落後的城市中才會出現，卻不知柯市府的官員們何以充耳不聞？其實，解決之道無他，只需針對特定時段（如夜間）與地段（如醫院、學校、社區附近）對汽機車設定速限且嚴格取締，並對音量污染超標的車輛予以重罰，即可解民於倒懸。換言之，是不為也，非不能也！

平心而論，台灣的老百姓要的不多。大家對於亂烘烘的廟堂政事，早已感到既灰心又無奈，只有在日常生活方面遭遇的困擾，才是小市民最在意的切身之患。身為父母官者豈可不察？

●同性婚姻情理法

有關同性伴侶能否合法結婚的議題，終於在台灣吹皺一池春水。我用「終於」這兩個字，是因為西方世界早在四、五十年前就已展開激烈爭論，台灣的社會大眾卻選擇沉默以對，直到本世紀初才出現兩種針鋒相對的論點；至於以「吹皺一池春水」形容之，多少透露出我個人對同性相戀的正面態度，理由很簡單：現代人享有極大化追求個人幸福的權利，縱使同性婚姻挑戰社會傳統，但除非損及他人權益，法令似不宜強制禁止。更何況，我們注意到社會上有許多善良熱誠、才華橫溢、懷抱理想或具有高度責任感的菁英碩彥，只因為性別傾向與多數不同，便失去組建家庭的機會，更得經年累月忍受眾人異樣的眼光，實有違平等精神。

目前全世界共有二十一個國家實施同性結婚合法化，但在立法之前都經過冗長的論辯過程，攻防的焦點多集中於：同性婚姻合法化的正當性何在？對家庭與社會的影響如何？其中所牽涉的理論層面遍及宗教、人類、法律、社會及生、心理學，參與討論的包括宗教家、政客、學者、公民運動人士等意見領袖。

整體言之，反對同性戀婚姻合法者仍占主流地位，他們主張同性相愛有悖上帝旨意和自然法則，唯有一男一女才能結合與組織家庭；但持相反意見者認為宗教論失之偏狹，而且時代的演進造成舊的觀念不斷更新。從人類發展史來看，早期家庭多為一夫多妻，當時的人們甚至認為男人娶妻再納妾是一種被認可的傳統，純屬個人自由範疇，直到十八世紀以後，一夫一妻的婚姻才普遍被法制化。又如美國自詡為人權社會，實則長期實施種族隔離政策，在一九五〇年代，仍有將近一半的州法禁止白人與「有色人種」通婚，一直到一九六七年才全面廢止。

其次，反對同婚者以「同性夫妻無法繁衍後代」為抵制的重要理由；贊成者則強調，婚姻的目的不只是為了繁殖而已，即使在兩性婚姻中也不乏患有不孕症或根本無意生養小孩的夫妻。另有人從「家庭教育」出發，認為同性戀者常領養兒女，可能造成兒童在身心發展上的障礙，甚至後續的社會問題；惟此一論點被斥為無稽，蓋孩子順利成長的關鍵為家庭溫暖與愛心，而非夫妻制度本身。

還有人發現同性戀情不能長久，若組成家庭，基礎相對脆弱，易生婚變；支持同婚者則反脣相譏，認為異性婚姻的離婚率逐年增高，舉世皆然。以美國為例，兩性夫妻離婚率已超過五〇％；在台灣，結婚未滿五年即離婚者占總離婚人口之三三％，形成「五年之癢」的新現代婚姻危機，顯然，婚姻幸福與否與同性還是異性婚姻之間的關係並無定論，尚待新法通過後再作觀察。

眾說紛紜中，我們仍然期待著更多科學證據來確定同性戀行為究竟是出於先天還是後天？曾經有學者證明，凡有同性相愛傾向的人在出生之時就已決定，只是其行為特徵在社會化過程中受到壓抑，故隱而不彰。如果此一說法為真，我們基於人權與博愛精神，應力阻反對者的杯葛，轉而祝福天下所有的有情人終成眷屬；但也有專家指出，同性戀行為亦可能經由後天的學習、仿效或增強而成，實不宜透過法令解禁而鼓勵之。果如此，則反對陣營增加不少正當性，衛道之士必將繼續據理力爭。

遽聞法務部決定要修法。姑不論是修改現行法令或另立專法，一旦通過，中華民國將成為全亞洲第一個同性婚姻合法化的國家。至於在具體的法條出爐前，能否提出兼具理性與感性，符合人道與公道的理論基礎，以形成社會共識，端看主政者的智慧與魄力。

‧關注二〇一六

隨著二〇一六年進入尾聲，過去三六六天發生的一切，也將走入歷史。對於每個人來說，過往的一年所留下的意義或許因人而異，大家關切的人事物也不盡相同，不過，拜現代數位科技之賜，我們卻得以就多數人注意力的交集一窺究竟。日前，Google網站公布二〇一六年度台灣十大關鍵字搜尋排行榜（Year in Search），最受本地網友關注的「快速竄升關鍵字」前三位，分別是「寶可夢」、「里約奧運會」、「美國總統大選」。雖然只是網路上的搜尋紀錄，也代表台灣社會的某種民意指標。

今年一整年，因超人氣「寶可夢怪獸」結合擴增實境技術的手機遊戲「Pokémon Go」引發全球旋風，向來對於新潮玩意兒採用度高的台灣市場，自然未落人後，也掀起一陣狂熱的「抓寶瘋」。從上線以迄，不僅出現大批訓練師湧現的奇觀，更蔚成戶外新科技遊戲的全民時尚。然而，以二〇一六年世界風雲變幻，國內政局動盪不安的情勢而論，台灣網路上最受關注的焦點竟然是一項「電玩」，令人多少有點意外，也隱隱產生一絲失落感。

里約奧運和美國大選雖然「屈居」寶可夢之下，但在另一個「最熱門議題」榜上則分占第一、第二名，顯示出台灣網友對於四年一度的奧運盛會和牽動世局的美國總統大選，表現高度興趣。尤其，本屆奧運首度登陸拉丁美洲，平添不少浪漫色彩，而美國大選龍鳳相爭、平分秋色的局面和兩位候選人在人格特質上的尖銳對比更將大選的戲劇化指數推到最高點。

值得注意的是，台灣地區的「十大搜尋關鍵字」，除了「颱風」及「iPhone7」之外，其餘五名上榜者均為電影或電視連續劇，足證流行娛樂文化在廣大網民心中的分量，也可預期影音內容產業在新媒體科技時代仍將占有一席之地。可惜的是，在五部倍受矚目的影視製作中，只有「終極一生」為兩岸合拍的偶像劇，其他全屬來自韓、日的產品。

再來一覽台灣以外地區的Google「全球熱門搜尋」結果。十分有趣地，在字詞搜尋（Searches）類別中，竟也是以Pokémon為首，Donald Trump排名第三；同樣地，在全球新聞（Global News）類別中，則以U. S. Election居冠，olympics為次。可見，無論今天的地球村是「變平」了或是「變小」了，居民們對週遭事物的感知範圍無疑已逐漸趨於一致。

再做進一步觀察，寶可夢、奧運會與美國大選看似南轅北轍，都隱含著人們對於圓夢（dreams to come true）的憧憬，和對於賽局（games）的痴迷。不同的是寶可夢代表的是科技創意與休閒、探祕的匯合，能為操作造成尋寶過程中的驚奇感與滿足感；里約奧運則側重於奧林匹克的莊嚴傳統以及運動員在競技平台上追求自我實踐與美夢成真的歷程；至於美國總統選舉，本質上即屬當今人類世界最高權位的爭逐，不僅是兩位政治人物的攀峰之夢，也是一場關乎全體美國人民福祉，甚至整個國際社會休咎的政治豪賭。

站在二〇一六的年關上瞻顧前程，寶可夢的風潮或將漸漸退去，而被更新穎、更奇炫的玩物所取代，無可避免地成為科技商品推陳出新進程中的明日黃花；里約奧運開幕式上五彩繽紛的畫面，以及運動場內選手們留下的汗水與淚水、激情與喜悅已在曲終人散之後盡付煙雲，唯有成功者的身影與紀錄得以長留奧運史冊；至於大大出人意表的美國總統選舉結果，則將等到狂傲不羈的唐納川普邁入白宮的一刻，才會正式展現其對全球局勢的衝擊與影響。如此看起來，二〇一六年的網路寵兒，似乎只有美國大選一項能夠真正跨過年度的門檻，繼續成為熱門的亮點。

無論如何，在未來無窮的歲月裡，仍將有更多象徵傳統或新潮價值的人物、事件、成就或創作，在競爭與逐夢的軌道上，頭角崢嶸，引領風潮，吸引億萬世人的關注。

●民主價值面臨考驗

二〇一七年國慶典禮上，蔡總統的致詞中有一段鏗鏘有力的話。她說：「我們要記得，民主和自由是台灣人民經歷無數努力才爭取到的權利；政府就是要用盡全力，捍衛台灣民主自由的價值跟生活方式。」這幾句話激起現場如雷掌聲，不過總統的文稿忽略了台灣民主已漸被民粹滲透，連整體法治觀念也在個人自由氾濫下遭受侵蝕的事實。

不久前發生在台大校園的選秀風波即為一例。該起事件的內幕至今隱晦不明，民眾只能從新聞報導中拼湊出幾個畫面。首先，是一群打著校園民主招牌的群眾，悍然阻斷一項合法登記的文化交流活動，引起鬥毆衝突；接著看到的是，怯懦怕事的學校主管含糊回應媒體發問，低調地處理善後事宜；另外，現場幾位本土年輕藝人對於自己被剝奪在大陸熱門電視曝光的機會，流露出敢怒不敢言的無奈；至於政府相關單位，竟一反兩個月前對世大運抗議者的嚴懲態度，曲意迴護滋事學生，還把矛頭指向現場的「黑衣人」；最令人心冷的，則是反對黨陣營和社會意見領袖所表現出的淡然與靜默，究其理由，無非是交流活動一旦被貼上「中國統戰」的標籤，即使是非清明，公理昭然，亦礙難置喙了。

近代民主思潮，發軔於十八世紀的歐洲，在二戰後達於頂峰，尤其經過兩世紀多來在新大陸的具體實踐，幾已演變為普世共識，連萬古沉睡的中國也因西風東漸而驀然醒覺，開始走向民主改革之路。如今，生存在台灣的華裔子民更享有以票票等值的方式選出國家元首的權利；民主，不但融入人們的生活，其存在的尊嚴似已不容任何形式的挑戰。

惟近幾年來，西式民主制度漏洞頻出，窘態畢露，直選制度亦遭到嚴峻考驗。在歐美，苦惱的選民從總統候選人中挑不出衷心擁戴的人選，只能兩害相權取其輕；贏得大位的執政者在任期間亦無法滿足選民的期待，甚至卸職後身纏弊案，飽受民眾的鄙視和唾棄。很顯然，曾被無限上綱的民主價值正面臨著理想與現實、形式與實質之間的矛盾，有待重新檢驗。

●憂喜參半

二〇一六年一晃而過，這一年裡固然發生了無數大大小小的事兒，可是論起對人類社會的影響，相信莫過於數位傳播科技的日新又新及廣泛應用。打從網路時代來臨，人與人的距離就與時俱「近」，至手機行動平台普遍化後，整個世界好似濃縮成一個5×7吋見方的玻璃框框，空間與距離的概念頓時被模糊、淡忘、拋棄。近一兩年來，影音、互動、個人化等傳輸特色益形顯著，使用者，通常也是內容的生產者或消費者，在FB、Line、Wechat、Blog等平台上，隨時隨地與任何地球人交換彼此樂於分享的文字、語音、圖像、影片等資料，幾乎不受天然和人為的阻礙。如今，這場在廿世紀後葉發軔的傳播科技革命，已大幅提昇人類社會的資訊產銷方式，並全面跨越國際間、文化間及世代間的藩籬，進而改變了每個人的生活內容與群我關係。

我們當然樂見「資訊自由流通」的理念得以實現，也為「地球村」居民之間熱絡而通暢的連結感到欣慰，但同時也警覺到一股反社會力在快速滋長。例如，傳統文字和語言系統中若干優美、典雅的要素或將在講求速度、效率與精準的科技工具使用中逐漸流失。最明顯的，莫如中華文化體系中的經史子集、詩詞歌賦、金石書法等具有深厚底蘊，被公認為超過世界其他文明的藝文創作。這些曾經貫穿數千年歲月，在中國社會上得到普遍認同的文化精萃，時至今日，已被新世代的媒體使用者邊緣化了。今天，似乎只有上年紀的人才會對固有文化藝術依戀不捨，年輕的族群，原本在求知過程中就與歷史文物絕緣，再加上從小即融入網路的簡約情境，故不易體驗到其中的樂趣與自我成就感。

新媒體科技的應用也顛覆了人們汲取資訊的方式與來源。根據官方發布的資料，我國國民用在書報雜誌文具的支出正逐年下降。《遠見》雜誌的閱讀調查也發現，台灣民眾購書的數量、看書的時間都呈下滑趨勢，其中每人每月平均閱讀量不到兩本；至於「完全不看書」的人，比例逼近三〇%，若再加上「很少讀書」和無法讀書的「文盲」，約占台灣總人口的一半。去年一年，好幾家老字號書店宣告歇業，連主流出版社都發出經營艱困、難以為繼的慨歎。

一般認為，國人閱讀習慣式微的主要原因是受到網路使用率飆升的衝擊。據統計，台灣每人每天上網的時間，將近兩小時，已超過電視，穩居眾媒體之龍頭地位。近來，網路世界不斷增添更多元、豐富的影音和娛樂內容，調性輕鬆有趣，易讀易懂，普受大眾歡迎，愈發限縮民眾閱讀書刊的閒暇。果然，去年NoP World調查機構宣布，台灣人的上網時間為全球第一，閱讀量卻名列世界末端。惟由於純文字的閱讀有助於讀者的思考力與想像力，專家們擔心，國民閱讀量的持續降低，受害的將是下一代公民的素質與涵養。

此外，若將眼下傳統媒體和新媒體的內容作一比較，已可預見未來的公共言論平台將更加低俗化。進入網民的留言或反饋區裡稍為瀏覽一下，隨處可見粗鄙不文的筆觸，遠不如傳統報刊言論版的讀者投書來得工整嚴謹；至於一般網路評論者也較欠缺對事實真相的堅持與對邏輯思辯的執著。令人遺憾的是，在新舊媒體勢力相互激盪之下，若干傳統媒體居然甘於向網路內容看齊，跟著潮流走向淺碟文化路線。以電視來說，為了降低成本與搶攻市場，不僅大量抄襲網路內容，甚至仿造其粗糙的「脫口」直播模式，品質遂江河日下。

傳播科技進步的成果，強力驅動著人類社會的演進、整體產業的發展和生活樣貌的改變。置身在這個奇幻過程中的我們，目眩神迷之餘，也感到喜憂參半。

• 台灣社會的矛盾

人在台灣，常會發現週遭有許多矛盾現象，令人感到迷惑不解。就從遊覽車禍說起，半年來連續發生兩次傷亡慘重的事故，而主管官員竟仍深陷在慌亂失措中，遲遲提不出明確可行的改善方案。記得才一年多前，此間媒體爭相報導：「台灣因觀光業名聞國際，被CNN評比為二〇一六年全球最熱門旅遊地點。」這前後兩個訊息，對比何其強烈！

另外，西班牙警方最近破獲詐騙集團，其中有兩百多名台灣人在列。某國際媒體在報導中還提到台灣詐騙犯遍布世界各地，暗指台灣已淪為騙徒輸出國。說來很諷刺，幾年前大陸雜誌曾盛讚台灣人民「普遍具有高度人文素養與美德」，並形容「台灣最美的風景是人」，而我們也坦然接受且引以為傲。如今，「詐騙王國」的醜名與「人文美景」並列，其間的差距何止霄壤，到底孰是孰非？應該如何解釋？

近年來，台灣的美食遠近馳名，各種大宴小吃、南北珍饈無不推陳出新，爭奇鬥豔，成為「小確幸生活」的重要元素。但食物安全案件卻層出不窮，從假油、農藥、核汙染、三聚氰氨、禽流感到過期食品，都是老饕們永遠揮之不去的夢魘。人們很難分得清，餐桌上擺的到底是美食，還是「霉」食？

其實，台灣社會的矛盾無所不在，幾乎俯拾皆是。從五二〇以來，新政府進行多項改革，為了充實府庫財政，寧可冒著滋生紛擾、割裂族群的風險，率先砍向軍公教年金和國民黨工薪水。可是，在另一方面卻全然無視於大陸觀光客急速萎縮所損失的外匯，眼睜睜看著兩千多億年收入即將憑空消失；居然還有事不關己的政客放話貶損陸客，不啻切斷業者的生路。同樣地，執政者冷卻兩岸關係，不但放棄經貿紅利，更任憑美國將台灣拖進世局紛爭，其後果無非就是耗用大筆國家預算來購置軍備。在在驗證了古人「曠安宅而弗居，舍正路而不由」的警語。

前陣子，蔡總統昭示：「反省迫害人權歷史，必須跟德國學習」。話雖不錯，但民進黨政府曲意討好日本，提昇雙邊關係，對於日本軍國主義者發動戰爭屠殺各國人民至今不表歉意的倨傲嘴臉，絲毫不以為意。類此雙重標準的人權論，不也充滿了矛盾？

過年期間，工商界人士籲請政府關注國內產業的轉型障礙，協助改善投資環境。相關首長紛紛承諾將設法紓困，但在政策上依然堅持封殺陸資，連外資也常被拒於門外，不利整體產業發展，莫此為甚。一個倡言拼經濟的政府竟如此這般重口惠而實不至，台灣的經濟成長怎能再創榮景？

在其他角落裡，也不乏令人搖頭的畫面。有如時下的年輕世代，把職場的基本薪資過低斥為不公平待遇，卻在現實生活上拒絕妥協，反而充當時尚購物與新潮餐飲的主力消費群。又如政府為了因應兩岸局勢，有心鼓舞國軍士氣，轉過身來又大肆削減軍職退休金，並限制退將赴大陸的自由，逼得向來重視紀律與服從的退伍軍人也憤而走上街頭。

從學理來說，矛盾源自於差異（discrepancy），存在於朝野、族群、世代之間，也藏匿在個體的外表與實質、言論與行為之間。若差異愈形擴大，矛盾亦愈加深化，將進一步造成社會的裂解。我以為，主政者當前最迫切的任務，應是把台灣轉型成一個更表裡一致、名實相符，也更易於凝聚共識與建立同理心的生活環境，而不是反其道而行。

●滿街抗議聲，誰來關心病患權益？

自從晉級為「資深公民」以來，健康狀況亦頻頻亮起紅燈，常須跑醫院看診或做檢查，這才真正體會到病人的苦惱和醫生的忙碌，也意外地發現台灣醫療機構的「身價」不凡。

因好友的熱心推介，最近幾度前往林口和台北長庚醫院求醫。長庚是台灣頂尖的醫療集團之一，一九七三年由經營之神王永慶先生捐助成立，向來以軟硬體設施完善，醫療團隊陣容堅強聞名中外，更由於管理階層經營得法，業績逐年成長，二〇一六年達到千萬人次門診的規模，故其收益十分驚人，連續幾年淨利皆在二〇億元左右。

不過，幾次看病的經驗卻令我從此視大醫院為畏途。每次走進大廳，總是看到滿坑滿谷的人潮，帶來不小的壓迫感，而所有身懷病痛的患者，都必須花費大量時間擠在長龍陣中等候掛號、預檢、看診、付費、取藥，委實苦不堪言。從醫院的角度來看，懸壺濟世，救人於病痛之中，算是行善之舉，惟在過度商業化的經營方式下，整體服務品質每下愈況，與蒸蒸日上的財務營收完全不成比例。我曾聽到鄰座的病友說，她經常枯坐在人聲嘈雜、空氣汙濁的候診區裡，一等好幾個小時，「沒病都變成有病，小病更變成大病了」；後座另有人悄聲抱怨，不時會遇到醫院員工態度煩躁不耐，病人為了順利就診，也只能忍住性子，低聲下氣，看人臉色。如此說來，病人到大醫院求治，無異於「二度傷害」。然而，瀏覽一下國內醫學中心的評鑑成績，長庚醫院在各項評比中還都是名列前茅的佼佼者呢！

針對病患的煎熬，位於結構底層的醫師和護士、助理們想必了然於胸，卻愛莫能助，甚至他（她）們本身的無奈感並不下於病患，論起辛勞與壓力可能猶有過之。據說現下各大醫院為了衝業績、拼利潤，都訂定嚴格的管理制度，要求醫護與行政人員全力提升工作效率，俾達到ＫＰＩ（關鍵績效指標）。就企業管理理論而言，一所大型醫院的任務繁重、人員眾多、分工紛雜，日常運作需講求方法，故而施以現代化的管理機制，事屬必然。惟醫院的本質係救命活人的良心事業，畢竟有別於一般純商業組織，絕不應變身為財源滾滾的搖錢樹。不幸的是，在醫療資源普遍供不應求的今天，病患確已淪為社會的新弱勢族群。其實，台灣的醫療技術先進，健保制度昌明，看診收費低廉，本係國人之福，卻因條件太優越，大大提昇了醫院看診率，反而成為醫院服務品質浮濫的理由之一。

健保署最近公布，台灣各層級醫學中心的平均醫護病比為１：９，區域醫院的平均醫護比為１：12，都大於國際認定的１：６最佳標準。又據國外研究顯示，當醫護病比超過１：６時，醫院每多照顧一名病人，病人的死亡率就會增加七％。尤其，國內醫療人員本已供不應求，少數知名度高的醫生更屬奇貨可居，門前總是座無虛席，大排長龍，連網上預約掛號都一位難求；先不說這些血汗醫生因超時工作所受到的身心摧殘，我相信，診療品質與效果也難免受到影響，更別談什麼「視病猶親」、「仁心仁術」之類的醫德要求了。

要提升醫院的服務品質，首先，必須根據病患人數的成長而增加醫護資源，並關注於病人的需要是否獲得滿足，身心的無力與挫折感是否獲得適度補償，凡此均應納為醫院各級人員最主要的績效指標。倘若，由大財團興辦的醫院競相以賺錢為最高目標，一概施以牟利至上的商業經管方式，終將失去其創立初衷的社會責任與全民期許。此外，政府應落實醫院醫療服務品質評比制度，由中立客觀的民間單位，採取公開透明的方式負責執行，以發揮全民監督的制衡效果。

近年來，台灣人民動輒以走上街頭，發出怒吼，創造視聽來爭取個別族群與團體的權益，似乎從未聽說過有誰為廣大病患的權益仗義直言，登高一呼？

●政府失能、官員失職、百姓失望

日前有一場「全台眷村反迫遷」的示威行動在台北上演，友人不明其究竟，紛紛來電詢問，我正好一吐胸中塊壘。

三年前，我受南部眷村鄉親之託，參與推動眷村文化傳承，另邀了幾位傑出的軍人子弟一起加入《高雄市眷村文化發展協會》，盼能配合政府既定政策，保存部分眷村的歷史文化，勿使戰時生活的光影隨著竹籬笆的拆除而被世人遺忘。

一九四九年國軍撤退來台，現役軍人約五十餘萬人，分別駐守於前線或本島基地，其配偶子女則被安頓在全省六百餘處社區落戶，是為眷村之起源。一九九六年，政府頒布《國軍老舊眷村改建條例》，欲將年久失修的眷舍分批改建成住宅大樓，並讓原眷戶擁有新宅的產權。對於全體軍人家庭而言，歷史似從此處轉折，一甲子烽火離亂的篇章終於畫下了句點。眷村的父老對於寄居大半輩子的老窩固然難以割捨，也不得不揮淚而去，搬進生冷的「水泥叢林」。

眷村的消失，觸動了人們對滄桑年代的懷想。創作者紛紛以小說、電影、舞台劇、攝影展和報導文學，來追憶早期風雨飄搖中的眷村生態——患難與共，艱苦備嘗，卻又充滿趣味盎然的點點滴滴。幸好眷改條例開宗明義地載明「保存眷村文化」為立法的宗旨之一，遂燃起了我們心中恆久深藏的濃郁鄉情。

當然，我們推動眷村文化的動機非止於重溫兒時情境，更多的成分是著眼於記錄國軍浴血抗敵的史實以及軍眷家庭共同度過的那段烽火歲月。此外，我們也希望，當初來自於大江南北的眷村居民在台灣多元社會發展過程中所扮演的特殊角色，能受到認同與尊重。

猶記得民國四〇～五〇年代，兩岸局勢緊繃，海峽硝煙四起，我們這群眷村的孩子雖然未解人事，卻能從父親經年累月的「缺席」與母親深鎖的眉宇間感受到國家情勢之險峻，也從此養成了愛國愛家、服從紀律、堅毅不拔、克服困難等等眷村人特有的價值觀，在在都屬於值得傳承的固有文化內涵。

協會把首要工作標的鎖定在左營海軍眷區，因為這裡曾經是全台灣規模最龐大、文化底蘊最豐富，且係眼下保存最完好的社區。萬萬沒想到，工作的進展與期待之間，卻有著天壤之遙。

首先，左營在國防部初步評鑑之下竟然名落孫山，而另十三處獲得保留的眷村中，竟然有的早已面目全非，只剩下斷垣殘壁，可見主辦者別有居心。比較合理的推測是，軍方看中左營眷區地價不菲，改建為軍宅出售可獲暴利，故不擬保留之。經過不斷的據理力爭，左營總算補列入榜，部分眷舍免去被肢解的命運。

舊居保留下來，下一步應由國防部與地方政府協調，如何在空洞的建築物中注入社區的傳統元素。協會先後提出集中建置眷村文化館、鄧麗君紀念館、軍眷名人堂、眷村故事定目劇場等文化設施，俾能發揮群聚效應，另請求軍方能體諒少數「釘子戶」抗拒搬遷、堅持終身固守家園的卑微心情，准於在保留園區中居住，但須負起修繕、守護、導覽之責，以真正實現「活化」園區的終極目標，卻遲遲未獲官方回應。最難以理解的是，身為大家長的歷任國防部長對眷村文化保存的呼聲始終置若罔聞，權責單位甚至百般刁難，而高雄市長雖然誠心支持，主事官員卻顯得意興闌珊。如今，由於時日稽延，致使住戶流失、建物崩頹，往日環境清幽、屋舍嚴整的左營眷村已淪為荒煙漫草、宵小橫行的「三不管地帶」，高雄市文化局乃倉促決定，實施「以住代護」方案，將空屋由一般市民申請入住。此舉完全失去運用原住戶對左營的深厚淵源與情感以根植固有社區文化的意義。

三年眨眼即過，協會工作收效甚微，而義工們均感心餘力絀。對這群熱心人士而言，推動眷村文化傳承的努力，換來的似乎只是一次切身的體驗：良法不足以自行，在一個失能政府和一批失職官員的擺弄下，小老百姓除了徹底失望之外，也只能徒呼負負了。

●仇恨意識正在擴散

最近占據媒體主要版面的幾起事件都頗具戲劇性。最震撼的首推前總統馬英九因涉及洩密罪被提起公訴，再加上還在進行中的幾樁大小官司，今後他必須以原告或被告身分頻頻進出法庭。馬前總統一生清廉自持、謹守分際，卻在退職後訟案纏身，真是情何以堪；其次是軍公教團體抗議年金改革，在立法院前滋生暴力衝突。這是一群長期「依法行政」的公務員和保衛國家安全的軍人，如今也淪為「街頭霸王」，公然包圍國會、打傷官員，頗令人有角色錯亂之感；而立法院內也不平靜，上周審查前瞻條例時，為攔阻執政黨強渡關山，國民黨委員大鬧會場。鏡頭上完全是「舊戲新演」，只不過藍綠演員易位罷了；另外，曾文水庫創建者日人八田與一和陽明山公園內的先總統銅像，先後遭人「砍頭」。雖非真實殺人，但手段殘暴，同樣算是犯罪行為；最意外的是，企業家徐重仁不過說了句「年輕人太會花錢」，竟惹怒萬千網友群起而攻之，逼得他連連道歉。照理說，長者勉勵後進本為好事，即便聽來逆耳，也絕非惡意譏諷，真的，「有那麼嚴重嗎」？

以上雖屬個別事件，但存在幾個共同點。第一，在民粹主義侵襲下，人們每因意見不同、立場相異即形成尖銳對立。第二，不論歧見是存在於藍綠、朝野或世代之間，當事者動輒採取激進手段進行對抗，語言、肢體或器具暴力的使用已蔚為風尚；第三，幾乎每起爭鬥事件都帶有潛在的復仇意識，難以透過理性協商解決糾紛。例如，馬英九被告的背後隱藏著扁案的恩怨；軍公教圍堵立法院是受到太陽花模式的「啟發」；藍委毀損議場公物，是向對手「學習」而來，而現場出聲譴責的會議主席正是曾經踹破部長辦公室大門的女立委，頓時使鬧劇變成了笑劇！南北兩具雕像被砍頭，應是仇日、仇中人馬輪流出手，在互別苗頭；至於徐重仁遭受圍剿，則屬新世代對舊體制怨懟心理的具體展現。

最近一年來，人們更學會高舉「正義」旗幟，以掩護其「以牙還牙、以眼還眼」的復仇行動。很顯然，台灣社會的特質已經從平和理性轉向激越衝撞、從融洽和諧陷入分裂仇視、從克己復禮變為恣意放任。這股惡風若持續擴散，整個社會將掉進仇恨的深淵，而我們怎能放心讓後代子孫在冤冤相報的環境中度日？

報復主義當然不是台灣的專利，放眼世界各地，「以暴制暴」已成主流外交戰略思維。川普對於中美商貿失衡的解決之道即為以「報復」手段相威嚇；金正恩發射飛彈是為了「報復」美日韓的圍堵；ISIS組織襲擊法國公民則是在「報復」其反恐立場。而兩岸政府也不甘寂寞，近來競相實行軍演、展示武器，擺出「終須一戰」的架式，似乎已重新燃起「復仇的火炬」。因此，我始終懷疑，李明哲被捕事件是對岸不滿我方以「共諜」之名拘捕陸生而採取的報復行為。可歎的是，雙方多年來的善意互動即將付諸流水，所謂「兩岸一家親」、「一笑泯恩仇」等美麗辭藻所傳達的溫情、寬容與省悟，也都在缺少一個「共識」的情況下，化為反目成仇的憤懣了。

近代穆斯林領袖艾哈瑪迪（Mirza Tahir Ahmad）曾以一句簡單的金句「Love for all, Hatred for none.」來倡導人類和平，贏得舉世頌揚；千百年來中國的古聖賢更對「恕道」極力推崇。看起來，人們欲消除心中的嗔怒怨恨，實屬「知之為易，行之為難」也。

●媒體轉型，前途迷茫

二〇一六年台灣有幾家業績名列前茅的電視台大幅裁員，引發業界一陣恐慌，當時有人預言，今年電視界會出現「倒閉潮」。果然，二〇一七年第一季剛結束即傳出「某台人事大地震」、「某台營收比前期短少好幾億」等等訊息，可以想像出，曾經被大家視為「金飯碗」的電視事業如今的處境是如何困窘。

電子媒體走下坡，原因不只一端，整個大環境不佳、國內競爭者眾、市場僧多粥少、鄰國影視產業鵲起，削弱本國實力以致人才流失等等都是遠因，而數位新媒體快速崛起轉移了受眾的注意力，則成為最後那根要命的稻草。根據資策會統計，近十年來台灣民眾使用媒體的習慣出現大幅改變。有線電視的家戶普及率下滑了五%，手機門號則增加了五百餘萬個；另外，台灣居民平均每天滑手機三．二八小時，臉書活躍用戶占總人口數的七四%，兩者都創下世界第一。

新舊媒體的使用率互有消長，明顯反應在廣告營收數字上。根據台北市數位行銷經營協會的資料，二〇一六年上半年五大媒體廣告量整體縮減一二．五%，其中有線和無線電視的廣告總量僅為新台幣一一〇億元，比起卅年前老三台的廣告收入都不如，也首度低於數位媒體，讓出了長期雄踞「市場份額第一」的地位。至於二〇一六全年，數位廣告量達二五八億元，相較於Nielsen所公布的傳統五大媒體廣告量總和三六七億元，兩者差距正在快速縮小中。到了二〇一七年，電視產業總收入仍在溜滑梯，第一季業績和去年同期相較，短少了七．四%，其中以無線電視以及規模較小、競爭力較弱的有線頻道受創最重，最大跌幅超過三〇%。

或許有人不解，以台灣電視媒體內容之不堪，多年來備受議論，若民眾選擇關機，轉向其他資訊、娛樂平台，本是意料中事，為何引以為憂？不錯，自從媒體自由化以來，國內電視經營權幾乎全由本地或外國資本家掌握，又因整個產業受制於市場狹小，政府也未曾全力輔導其轉型升級或開闢境外市場，以致經營者紛紛朝向「收視掛帥」、「利潤第一」的商業化路線做短線經營，遂衍生出種種光怪陸離的螢幕亂象，例如內容抄襲、節目稀釋、新聞貧乏、名嘴當道、商業置入，以及自製節目太少、重播率過高等等，一般觀眾早已心生不滿，更不會在乎它的興衰存亡。

我們之所以仍然心心念念地關注電視產業的發展，係基於以下幾個理由。第一，新媒體固然拜數位科技之賜，具有使用便利、傳輸快捷、自主性高等優勢，故來勢洶洶，迅速搶下電子媒體的半壁江山，但畢竟未能全面取而代之。目前全台有線電視用戶仍超過六成，免費的無線電視則通行全台，可見電視機仍然廣泛被使用，尤其以家庭主婦及老年族群為最。在可望的未來一段時間內，若傳統電視的內容品質持續往下沉淪，受害的仍將是廣大的閱聽受眾。

第二，時下的網路媒體，雖如水銀瀉地般無所不在，但其中有大批資訊出之於個人之手，是為「自媒體」創作，多未經過傳統媒體必備的編輯作業流程，尤以眼下風行一時的「視頻直播」也多半因陋就簡，且在無法監管之下，內中不乏涉及色情畫面或粗鄙不文的成分，對於青少年粉絲來說，實屬不宜。第三，縱然數位媒體前景大好，但目前獲利最大的卻非本土業者，而係國際平台大廠。據了解，每年台灣數位廣告總產值中，約四分之三的廣告營收流入臉書、Google、Yahoo手中，對整體本土產業助益有限。

眼看傳統媒體逐漸步入日暮黃昏，而在數位環境中的本土經營者又無法與國際數位廠商分庭抗禮，使得台灣媒體產業停滯在青黃不接的冏途中，讓人頗感迷茫！

•世代之間

最近有個時髦的用語，叫做「世代翻轉」，指的是年輕人排斥、否定或揚棄社會中的舊觀念與舊體制；狹義來說也可解讀為，時下青少年針對環境中有失公義的現象或本身所遭受的差別待遇所做的抗爭。由於新世代的不斷「翻轉」，且來勢凶猛，也引發舊世代的若干反彈，逐漸成為台灣社會對立的新型態。

既然矛盾源於世代之間，便得從大家所熟悉的「代溝」說起。「代溝」（generation gap），是家庭教育或親子溝通學的重要課題，係指家庭內不同世代的成員，因在不同的時空中成長，接受不同的教育，經過不同的歷練，浸淫在不同的訊息環境裡，以致對周遭人事物的態度、立場、見解也存在差異，往往衍生衝突，進一步形成兩代或三代、四代之間關係發展上的鴻溝。譬如，年輕人常覺得老年人食古不化、頑固保守，跟不上時代腳步，卻堅持以「家父長式」的權威治理家務，壓縮幼輩們的自主空間。老年人則認為年輕人閱歷不足，少不更事，不如上一輩的人尊重社會規範和團體紀律，甚至常常萌生離經叛道的念頭。尤其，眼下的一代生於安樂，未經憂患，因此，缺乏奮發向上的動機與韌性，只盼坐享其成，貪圖不勞而獲。上下兩代的認知差距本係自然產生，再經過普世平權思想的推波助瀾，血氣方剛的新世代人口聲浪益發高漲，由代溝衍生的人際碰撞，遂從家庭、學校、職場，向社會各個角落蔓延開來。

當然，代溝也有種族、文化之別。中國人受儒家思想影響，比較注重父慈子孝、長幼有序等傳統價值觀；也正因為如此，一旦嫌隙發生，雙方衝撞將更為激烈。反之，在西方文化體系中，年齡輩分與榮辱尊卑概不相干，年輕人在面對家中父母、學校師長、職場領導時，給予適度尊重或許有之，但絕不至於俯首帖耳，事事服從，而年高位尊者倒也習之如常，不以為忤。

不過，最近一、廿年來，東方世界因受到西風東漸、科技革命與社會變遷之衝擊，年輕世代的價值取向早已不復以往。環顧今日台灣社會中最激烈的抗爭事件，幾乎都看得到世代差距的陰影，二〇一五年的太陽花學運堪稱新世代人群集體向舊政治結構反撲的代表作，影響深遠；至於眼下倡言兩岸分離主義的台灣天然獨、香港民主派，也多以年輕成員為主，且因聲勢浩大，已漸次蔚為主流民意。近來台灣各地頻頻發生蔣公銅像遭人破壞，國立大學師生提出修改或廢除校歌的要求，都曾喧騰一時，與其說是意識形態使然，不如視之為新舊世代認知衝突有以致之，而在可望的未來，仍會有一波波憤怒青年集體扳倒傳統文化壁壘的行動，占據媒體的版面。

形成強烈對比的是，由於台灣的遺產稅率逐年升高，許多為人父母者正急著尋求其他途徑，把資產轉移給下一代；又據報載，不少尚未踏入社會，並無謀生能力的年輕人，竟頻繁出入高等消費場所，甚至一擲千金，了無愧色，一般相信，彼等之花費多來自家長的荷包；最近，不只一次聽到友人轉述，甫自國外留學返台的子女對起薪過低的工作興趣缺缺，逼得兩老只好撥出部分退休金供作年輕人自行創業的「第一桶金」。看來台灣的老年族群對「媽寶」們仍然呵護有加，倒是這批新興的「啃老一族」卻不吝於繼續使力翻轉舊世代。

●醫院如企業，病患變弱勢

二〇一七年三月間，我曾在《百年筆陣》寫了一篇「滿街抗議聲，誰來關心病患權益」，以親身經歷來訴說到大醫院看診的苦處，經熱心友人把文章轉發給長庚醫院的管理階層，獲得立即而善意的回應，相關醫療部門的主管甚至在電話中聽我細數院內缺失，並虛心展現改變現狀的企圖心；可惜不久之後，四月中旬的某個深夜，家中高齡長輩因劇烈胸痛導致心肌梗塞緊急送醫，抵達林口長庚急診室後，發現醫護人員明顯不足，處置急救病患的程序也不夠明確。病人躺在病床上十餘分鐘無人聞問，經過三催四請醫生才來做初步診斷，之後卻未留下片言隻語，更別說向家屬解說病情嚴重程度如何，僅由一位護士前來抽血，並好整以暇地吩咐病人

「一個半小時以後來聽取驗血結果」。當時的處境，十萬火急，我乃在忍無可忍之下大聲向急診室主任提出抗議，而對方也反脣相譏，態度強硬且充滿不耐。我心想，急診室裡這般草率的作業流程與如此冷漠的工作人員，怎能滿足病患家屬焦灼的心情與高度的期待？又怎能善盡首屈一指的大型醫療機構濟世救人的神聖任務？不久之後，長庚急診室引發集體請辭風波，廣受社會注目，可謂其來有自，對於有過類似遭遇的病患來說，更屬意料中事。

不過，九十五歲的長輩從急診室被送往加護病房裡救治，共待了四天，並順利完成支架手術。整個檢查、照護和醫治過程中，病房內所有的人員都表現得熱誠、細心、周到，彷彿進入另一個更具人性化的世界，感受截然不同。可見，教學型大醫院縱使病人眾多、事務繁雜，若管理者有心要提升醫療服務水準，洵非不能，而是不為也。

提起醫院，一般小民的感覺可能十分複雜。一方面，它能救命、治病，乃至於解決人們身心的疑難雜症，擁有不可侵犯的崇高地位，尤其對於受診獲益的病患而言，負責診治的醫師更有如再世恩公或天降救星！再加上近代醫療技術的突飛猛進，以及高齡化社會中醫療專業資源的極度缺乏，在在都逼得病人和家屬總是懷著惶恐與謙卑的心情走進醫院，接受治療。

可是，另一方面，現下大型醫院紛紛引進現代管理制度，採行利潤中心評鑑機制、注重個人生產力和單位成本效益，其經營模式已與一般企業無異，須將本求利，錙銖必較，把獲取商業利益做為經營首要目標。無奈的是，病人雖然有了「消費者」的身分，也付出「消費」的代價，卻並未得到應有的保障與尊重，構成一種不符對等原則的醫病關係。而政府主管官署依然從法令層面予以消極性的查察，自認已盡監督之責，實則完全忽略了道德層面的公眾利益與社會正義。

當然，同樣的弊病不只見諸於醫療機構。又如某些成效不彰的學校，雖打著教育機構的旗號，卻淪為偏重營利的「學店」，難免犧牲掉教學品質。再如時下若干不肖媒體，過於追求業務績效，連版面、時段也可秤斤論兩當作商品出售，新聞之取捨概以商業利得為標準，可謂斯文掃地之極致，又怎能奢求其秉持公正客觀之立場為民喉舌？

台灣的健保制度名聞國際，醫療技術與人才更臻於世界一流，但醫療機構的主事者若不能重拾傳統的醫療道德規範，把醫院當做良心事業來經營，廣大的病患永遠無法擺脫弱勢的地位。

●寧為商賈，不做大官

狀似羅掘俱窮的國民黨中央一直有人主張力邀鴻海董事長郭台銘競選總統，為該黨奪回政權，識者咸以為郭董不會淌這趟渾水，尤其月前鴻海大舉赴美投資，郭台銘一躍而為白宮嬌客，剎時名揚國際，國民黨的「郭總統計畫」恐怕終將落空。另外，網路盛傳，林全內閣改組在即，熱門繼任人選除了賴清德外，蔡總統曾屬意幾位企業界領袖，但都遭到婉拒。看起來，今日台灣的社會菁英寧願做生意，不屑做大官。

人才不願入公門的原因很多，民權高漲、民粹氾濫導致「官不聊生」是其一。另外，官場被喻為「宦海」，誰主浮沉從來不由自主，個人的成敗榮辱往往受制於派系鬥爭、黨同伐異或上級長官的好惡。明明是一位學養俱優，識見高遠且勇於任事的年輕才俊，倘若不諳政治圈內的遊戲規則，如不善逢迎、不避權勢、不甘忍辱，難免淪為「誤入叢林的小白兔」而飽受挫折，難有出頭之日，遂感灰心喪志，萌生不如歸去之念。反之，有的人無才無德，但長袖善舞、精於算計且能體仰上意，每每升踞高位，盡享榮華富貴。至於其人公忠體國與否？勤奮向上與否？清廉自持與否？則屬次要，無需過慮也。千百年來，中國政治舞台上，類似戲碼不斷上演，至今猶然。

私人企業的組織文化與公家機關大為不同，內部的人事傾軋緩和得多，「劣幣驅逐良幣」的惡性循環也鮮少發生。主要的原因在於，企業以「營利」為目的，員工的才智、勤勉和奉獻，直如老闆利益的源頭。在老闆心中，誰表現最好，對自己的公司最有利，自然就應該是拔擢的對象。尤其家族企業，大權定於一尊，所有的員工莫非「子弟兵」，何患有派系之衍生？

古代以科舉取士，知識份子十年寒窗，競以「學而優則仕」做為人生最高目標。到了現代，社會一流才俊傾向投效以民間資本設立的私人企業，以實現自我，追求理想。

令人擔心的是，若頂尖人才都拒入公家服務，豈不將成為政府績效不彰、施政失敗的最佳藉口？

●觀世大運有感

從二〇一七年八月十九日起在台北舉行的第廿九屆世界大學夏季運動會，經過為期十二天的激烈競逐，於八月三十一日當天全體選手盛大遊街之後圓滿落幕。總結本次世大運，共有來自一四二國的七千餘名運動員參加，而由於中華台北代表團榮獲二十六金、三十四銀、三十銅共九十面獎牌，超越在歷來國際運動會中的成績，大大掀起了舉國同胞的狂熱與激情。

盛會結束之餘，有幾點觀感值得一提。第一，中華健兒獲得獎牌數創下歷史新高，遠遠超過專家事前預估，首要原因應在於這批新世代年輕選手自幼營養較佳得以鍛鍊成健壯體格，加上先進的訓練方式以及高度自我要求所激發出的堅韌意志力，在在都超越上一代的運動員，才能在遭遇國際級對手時了無懼色，從容應敵。尤其，在亞洲國家最吃虧的籃、排球比賽中，本地健兒們面臨「高人一等」的西洋球員，人人卯盡全力，奮勇爭戰，每於分數落後之際，逆轉頹勢，奪勝而歸，看得場邊球迷為之如痴如醉、興奮莫名。獎牌數超高的次要原因包括：主辦國有權選擇幾項本地選手較為擅長的比賽；主場優勢讓爆棚的場館裡加油聲不斷鼓舞中華隊的鬥志，有利於促成佳績；少數體育強國的高手並未參賽，相對增加台灣選手奪牌的機會。因此，二〇一七世大運的成果雖然為國內體壇帶來無比的榮耀與亮麗的遠景，但年輕的新秀們切勿耽於自滿，只有淬礪奮進，不斷跨越世界好手的紀錄，才屬至要。

第二，本屆世大運的主辦權是在郝龍斌市長任內所爭取到的，當初還有大陸奧委會從旁支持，正所謂「前人種樹，後人乘涼」，也適足以說明政府施政的連貫性應高於政黨競爭的分際。同理而言，倘若本屆賽會滲入太多意識形態，必然會影響其成果，也一定會讓全體觀賞者的熱度為之冷卻。

第三，大會開幕式進行時，場外的反年金抗議滋生警民推擠事件，實為美中不足之處。照說，軍公教反年金團體的訴求一直頗能獲得社會認同，但當晚集會行動的時地選擇不當，則係主辦者昧於民意所致。蓋長年以來，台灣因受迫於兩岸與國際現實，也受限於本身實力，在世界舞台上多半扮演弱勢角色，譬如圈子越縮越小的正式外交關係，又如在全球市場上晦暗無光的影視、歌舞藝術，還有就是在奧運會上頭角崢嶸的頂尖運動健將付之闕如，都是台灣人的痛處，也可說是大家常懷恨鐵不成鋼的心情殷殷期盼的「台灣夢」。故而，當台北體育場內五彩繽紛的布景、劇力萬鈞的表演、莊嚴肅穆的儀式正邁入高潮之際，卻傳出有人在場外鬧事，還阻難外籍選手入場，當然造成全民一致的反感。

最後，在比賽期間，難得見到比賽場館與選手村四周的住戶主動掛起國旗，而熱心的觀眾也紛紛自備小國旗進場揮舞，為地主隊加油。民眾展示國旗的背後，可能有兩種不同的動機。第一種，是不滿意我們被迫以「中華台北」，而不能以「台灣」名義參賽，無奈之餘乃秀出國旗做無言的抗議；另一種，是為了堅持中華民國的存在，刻意在適當場合讓代表國格的國旗迎風招展。分析起來，前一種心態比較「偏綠」，第二種則比較「親藍」。沒想到，從競技場上被激活的「台灣認同感」，居然同時牽成藍綠支持者團結在青天白日滿地紅的旗幟之下，應可視為本屆世大運無心插柳的一項意外「收穫」。

●維護生存權，是全民的責任

去年的十月廿四日，國道三號公路龍井大肚路段，一台載著鋼材的拖板車從南下車道衝過分隔島，高速衝擊北上車道一輛自小客車，釀成車內全家三口慘死的憾事，其中還包括一名七個月大的幼兒。從電視上看到出事現場的狼藉凌亂，以及至親家屬在醫院哭斷肝腸的畫面，豈止令人為之鼻酸？車禍的受害人應屬較低收入家庭，連駕駛的車子都是向親戚借來的。這是他們第一次舉家駕車出遊，馳騁在高速路上向著目的地前進，可以想像當時車廂裡一定瀰漫著興高采烈的氣氛，卻不料無端遭遇天外橫禍，霎那間命喪黃泉，那廂肇事的拖車司機，卻仗著高大的車體護身而安然無恙。看完這則新聞，相信任何稍有血性的人都很難保持沉靜而不打從心底裡湧起一股既同情又怨憤的情緒。

一般而言，在高速公路上行駛的車輛速度較快，但由於設有雙向車道，即使有事故發生，也只是從後追撞或側面擦撞，不至於造成最致命的迎面對撞，因此也算得上是相對安全的。然而，在這樁「非典型車禍」中，凶狠的拖板車居然從對面車道飛越分隔島而來，導致這輛安安分分地行駛在反向外側車道的小轎車翻覆毀損，奪去三條人命。

根據媒體揭露，拖板車司機並非酒醉駕車，但疑似無照駕駛，經檢警單位初步從過失殺人方向偵辦，並以十五萬元交保候傳。遺憾的是，隨著「一日新聞報導」的結束，這起慘絕人寰的車禍致死案件也逐漸從人們的記憶中淡出，留下一大堆疑問與揣測，極可能將變成永遠無解的懸念，隨著時光的流逝而消失無蹤。

譬如，這輛大型拖板車為何會在行駛中闖越到對向車道？原因為司機超速？恍神？過勞？駕駛技術太差或經驗不足？是否違規轉換內側車道？還是因為車子老舊或保養失當致途中機件故障？抑或是高速公路彎道路段的設計有瑕疵？故此，該名司機及其所屬公司過去有無肇事前科？類似的車禍以往重複發生的紀錄為何？今後應如何嚴加防範？都應該是全民心中的疑問，亟待有關單位詳予公開說明。用最簡單的一句話以蔽之，一個現代化的效能政府必須採取任何可能措施，以確保人民擁有最起碼的人身安全與行動自由才是，如今重大交通事故屢見不鮮，政府的規管機制究竟出了什麼問題？基於人類的生存權（right to life）被視為首要的基本人權，也是無限上綱的道德原則，任何人，包括所有高速公路上的守法駕駛人都有權拒絕危及生命的威脅。

照理說，這起車禍殺人案件的後續發展，應該在司法嚴辦、民代問責、政府檢討、媒體追蹤下掀起全民的關注與追究，但我們感受到的，卻是舉國上下的集體麻木與冷感！難道是台灣每年高達三千人毀於車禍的殘酷現實，讓人們習以為常以致淡漠以對？

談到對生命的珍愛與尊重，台灣社會的確充滿著落伍、粗鄙的風氣。善良的小老百姓，慣常把個人和家人的身家性命置於不可預測、無法控制的狀態，只能透過求神問卜或行善好施來尋求心靈安定的力量，卻忽略掉政府公權力與社會教化力才是民眾安身立命、樂享生活最堅強的保障。即使老天爺，也只會降恩給自求多福的人，而作為現代社會的公民，卻疏於爭取個人生存的權利，無異於對幸福人生的自我摧殘。

● 復興文化，到台灣取經

最近台灣社會浮現一股去中國文化的暗流，不時造成族群之間的衝撞，令人憂心；倒是曾經打壓固有華夏文明的大陸，在經過十餘年來的沉澱後，反而開始「振興中華文化」。尤其當習近平在十九大致詞時提到一句「建立文化自信」，各級政府、大小機構更是如捧綸音，立馬動了起來。

日前接待一位相識多年的大陸友人，他曾經在台辦系統工作，甫由官職轉任到某文化協會擔任主管。在來客的要求下，兩個人縱身台灣的大街小巷，逛夜市、吃攤子、住民宿，盡量貼近人民的日常生活。

在旅途中，他幾度向我詢問：「你認為什麼才叫做文化？文化的影響為何？中華文化的本質又是什麼？」看來他這趟寶島自由行帶著有「文化取經」的任務。我只有正經八百地把課堂教書的內容拿出來照本宣科一番：「文化，一般被定義為特定族群在繁衍過程中所共同創造的事物，不論是物質，抑或是非物質上的，包括語言、文字、音樂、戲劇、建築、風俗習慣、社會規範和認知系統等等」，我不確定他是否完全領會，只見他連連點頭表示同意。

有一天我們坐在台北的捷運上，清楚瞥見有兩位青年人坐在「博愛座」上，談笑甚歡，卻沒注意到他們的左近正好站著一對年長的夫妻。這時候，突然有一位少婦走過去，對著年輕人低聲講了幾句話，兩個人立刻面紅耳赤地離開座位，禮讓長者就座。

大陸朋友看得入神，也感到「很新鮮」。我告訴他：這一連串簡單的人際互動，其實正代表著台灣的主流文化，當然也源自於中原的華夏文明。敬愛老者，本身就是中華文化的特質，而少婦的見義勇為與年輕人的改過向善，也都屬於傳統價值觀的範疇。

台灣有幸在過去幾次大規模移民過程中，傳承漢文化的精隨，並融入民眾的生活之中，早已成為體現和實踐正統中華文化的所在，大陸要復興固有文化，需得趁台灣的「文化大革命」爆發以前，即時來台取經。

• 傷別二〇一七

每當撤換牆上月曆的那一刻，都免不了會回顧一下過去這三百多個日子裡所發生的大小事件。

很顯然，二〇一七仍然是動盪不安的一年。儘管人類社會的演化大步向前邁進，如網際網路、數位經濟、人工智慧、生物與醫療科技的應用持續擴散，大大豐富了世人的生活內容，另在人文、藝術、體育、教育、學術領域也是人才輩出，光環耀眼，對整體社會貢獻卓著，但頻頻發生的天災與人禍，仍然壓倒性地撼動著地球村民的休咎安危。

說起天災，不論山崩、地震、颶風、烈焰、嚴寒、洪水或惡性流行疫病，幾乎無日無之地在世界各處爆發，殘酷地吞蝕居民的生命財產。根據統計，從一九七〇年至今，地球上的天災數量遽增三倍之多，使人類未來的生存條件呈現高度不確定性；至於人禍，為害之烈亦不遑多讓，除了典型的車禍、墜機、船難意外此起彼落之外，最令人怵目驚心的，應屬不斷發生在中東及亞非國家的恐怖攻擊和暗殺事件，光是開年的第一周內，伊斯蘭國極端組織就分別在阿富汗、伊拉克及敘利亞境內進行大規模爆炸及槍殺行動，傷亡從數十人到數百人不等；去年二月間，以上各地恐攻事件的受害人數更達到千人以上，最令人不忍的是，慘遭屠戮的罹難者絕大多數是冤死的平民百姓。歐西的民主國家向來被稱為「先進社會」，如今也充滿了焦慮躁動的氛圍，二〇一七一整年，持槍凶徒在英、美、法、比等國的校園、市街、車站、聚會場所濫殺無辜的暴行，不下數十起，造成當地居民人人自危，不可終日。此外，國際間的軍事挑釁與衝突，更從局部地區擴散到大半部地球，連偏安半個多世紀的亞太地區也在東海、南海、台海的多邊糾紛延宕難解之下，捲入一觸即發的戰爭危機。

天災與人禍還不停地交相為用，互為表裡，形成惡性循環。由於人類對自然環境的恣意破壞，足以釀生更多「名謂天災，實為人禍」的事故，也持續毀壞地球的面貌，難怪聯合國秘書長古特雷斯宣稱，氣候變遷已成為核武威脅、宗教紛爭之外，當下地球所面臨的第三大危機；反之，天災的頻仍發生，使有益人類生存的資源變得更為稀少，又易於引發國與國或人際之間貪婪的掠奪行為；當然，近年來，西方民主體制走入岔路，全民選出的政治領袖有虧職守，引領風潮數百年的資本主義面臨社會貧富兩極化的考驗，以及不同種族和次文化團體間的意識形態尖銳對立等等，都是造成今日世界愈趨沉淪的重要因素。

這一年裡，台灣的政治生態也在大幅改變。新政府上任年餘，熱衷於推動「轉型正義」，惟因手段粗糙且過於急切，持續引爆世代矛盾與族群對抗，導致社會震盪，反而招來「清算政敵」的疑慮與「扭曲史實」的罵名；另在兩岸政策上，刻意略過之前的既定默契，造成雙方關係結凍，終至反目相向，弓拔弩張，直接衝擊到台灣的社會安定、經濟發展和對外關係，若再計上兩岸實力大幅消長的效應，不啻把台灣人民的命運推向險境。

回首二〇一七年，除了對不肖政客、奸商與偏激份子的短視與愚行更加失望之外，內心裡也有幾許感傷和愧疚，畢竟我們都曾發出過「要為後代子孫保留一個美好世界」的豪語，此刻看起來，似乎益發難以兌現了。

附錄：中國怡居雜誌專訪趙怡教授〈公益心連心，兩岸一家親〉

文／陳淑芬

趙怡：包容與溝通，促進台海和平

六月廈門，鳳凰花開！在台灣，鳳凰花開，代表莘莘學子驪歌輕唱的季節。但對兩岸公益志工（志願者）而言，也是藉由兩岸「公益論壇」，彼此重逢交流的日子！

四年前，上海交大教授、中華文化推廣協會理事長趙怡博士，有感於「兩岸關係　讓利不如公益」，他在第四屆「海峽論壇」，向組委會提議成立「兩岸公益論壇」。希望以成熟的台灣非營利組織團體經驗，與中國崛起中的公益組織，彼此進行愛心的交流，一起邁向「四海一家」的世界地球村。

「促進台海和平唯有愛心！」趙怡說，無論家庭或國家，彼此包容與溝通、傾聽對方的聲音，才能「齊家、治國、兼善天下」。他表示：「兩岸中國人源出一脈，都承繼了老祖宗濟弱扶貧、悲天憫人的胸懷。四年來，從兩岸公益論壇會場裡，水乳交融的畫面不難看出，發善心、行義舉、做好事，才是兩岸社會最大公約數。」

第四屆「兩岸公益論壇」，於二〇一六年六月十一日在廈門艾美酒店舉行。身為台灣代表團團長的趙怡，在開幕式後，接受「中國怡居雜誌」專訪。趙怡說：「我祖籍浙江杭州，一九五〇年出生在台灣基隆。父母當年幫我取單名怡，有『心在台灣』的寓意，所以我自號『心台』。」趙怡強調：「如今看到在上海發行的『中國怡居雜誌』，我更確信，這個『心愛台灣』的『怡』字，兩岸皆好用。」

六月十二日早上，「公益論壇」閉幕式前，趙怡曾前往第八屆「海峽論壇」會議中心出席主論壇大會。趙怡表示，此次，他和同行的媒體夥伴高惠宇等人，都對現階段兩岸關係發展前景，有些擔憂。

論壇中，大陸全國政協主席俞正聲說：「兩岸關係在『九二共識』基礎上穩步前行，社會繁榮穩定、台海和平發展，是兩岸同胞的共同心願。」「只要海峽兩地同胞團結奮鬥，兩岸關係就沒有過不去的河、翻不過的山，台海和平發展道路，就一定會越走越寬。」

藉由民間「愛」的共識，拉近兩岸距離、融會兩地民心。趙怡表示，兩岸「公益論壇」，自二〇一三年起，已成功扮演起海峽兩岸，民間交流的金橋。俞正聲也在去年的大會上說過，「兩岸交流要從『心』做起。心走近了，海峽就是咫尺；心走遠了，咫尺也是天涯。」這段話感性十足，也切合現實。

「第八屆海峽論壇＆第四屆兩岸公益論壇」，邀請長期致力於海峽兩岸關係推展的非營利慈善公益組織代表，藉論壇分享公益經驗與交流，共建公益合作平台。公益論壇在十一日舉行開幕式後展開。上午「公益心連心，兩岸一家親」主論壇，邀請台灣張老師基金會董事長張德聰，談青少年輔導工作實例；北京清大公益慈善研究院院長王名教授，分享「兩岸公益學術共同體建設的構想」；國際佛光會中華總會南區協會會長楊政達，發表「國際佛光會對慈善公益之推行」；阿里研究院主任梁春曉，談「信息時代的社會創新與公益轉型」；慈濟基金會主任苟林峰、志工金晉卿，分享「復航空難關懷、兩岸大愛攜手」經驗。

下午分論壇，以「社區公益與社區營造」為主題，邀請台中群英扶輪社社長蕭蓓霖，談「大愛無疆」；台灣永慶慈善基金會顧問呂啟綸及吳進發，發表「永慶深耕社區公益，推動良善工作文化」和「偏鄉部落及弱勢團體關懷」；蘭智社福基金會董事賴冠翟，談「感動在台灣 微笑歡喜兒」；中國國際民間組織合作促進會祕書長黃浩明，發表「社區基金會發展和思考」；北京社區參與行動服務中心主任宋慶華，談「社會公益與社區參與」；慈濟志工金晉卿談「為社會祥和作砥柱」；福建信息技術職業學校教授李瑜芳，談「公益服務與社區志工學校」。

晚間分論壇，以「青年公益與社會發展」為主軸，邀請台灣創價學會副理事長盧怡孝，談「創造一個青年 實現夢想的舞台」；中華佛光青年總團善財講師吳鴻明，發表「青年公益與社會發展」；台灣眾社會企業創辦人暨交通大學傳播與科技學系林崇偉博士，發表「友善城市，有你有我——身障者就業翻轉與友善資訊志業」；上海零點青年公益創業發展中心黑蘋果青年項目主管葉喊，發表「黑蘋果青年」；慈濟教授何蘊琪發表

「從服務中建立的信念」；曾擔任北京殘奧會火炬手的李麗，發表「鏗鏘三人行——論述青年人的公益情懷」；清大學生教育扶貧協會會長何家杰，談「公益實踐與青年成長」；傳夢公益基金發起人、藝人孔維，發表「傳夢鄉村 守護成長」；宏智國際集團董事長韓佳宏，發表「行動夢想家——相信生命改變生命」；台灣政治大學校友會監事王正偉，發表「關懷、公益政治大學校友會」。

本屆論壇由中國宋慶齡基金會、中國致公黨中央社會發展與服務委員會、兩岸交流基金、台灣中華文化推廣協會、台灣張老師基金會、台灣中華華夏文化交流協會、台灣創價學會、香港義工聯盟共同主辦；永慶慈善基金會、國際佛光會中華總會、東森文化基金會、鄧麗君文教基金會等共同協辦。現場匯聚兩岸三百餘名公益機構代表、學術專家、台灣公益達人、企業家和媒體代表共襄盛會，以推動關懷兩岸暨港澳地區民間交流與合作、提升兩岸暨港澳地區民生福祉為實踐目標。

代表台灣主協辦單位致詞的趙怡，曾任東森媒體集團副總裁、台北市新聞記者公會理事長、台灣通訊傳播產業協進會理事長等職務，現任中華文化推廣協會理事長、東森文化基金會理事長、永慶慈善基金會董事長。目前同時任教於上海交通大學媒體與設計學院，致力於推動台海兩岸文化交流。

趙怡說：「隨著兩岸開放互通超過廿年，雙方民間文化交流活絡，文化隔閡逐漸消弭，我們期許透過兩岸公益文化交流，讓正能量的種子往下扎根、向上成長，蔚然成林。」

趙怡強調：「公益無疆界，也不涉及地域、黨派與意識形態！」北京清大公益慈善研究院院長王名教授也說：「自從汶川大地震後，我們看到公益組織蓬勃發展，尤其網路的興起，運用社群的擴散力，讓『微公益』

越來越風行！」王院長指出，愈來愈多人，願意從微不足道的公益著手，大家「積少成多」，用自己的行動去幫助需要幫助的人，微小也能變成巨大。對於王名教授所發表的「微公益」論點，趙怡感觸說，只要「心中有愛」，一億人捐一元與一人捐一億元，愛心都是一樣的，不是嗎？

「人生，沒有什麼是不可失去的，也沒有什麼是必須得到的」趙怡說，二〇一三年，他在「公益論壇」，認識汶川地震倖存者廖智。二〇〇八年四川大地震中，她被埋了二十六小時，女兒和婆婆躺在她身旁漸漸冰冷。獲救後為保命，身為舞蹈家的她，被迫截去雙腿。裝上義肢重新站起來後，丈夫卻因為「一看到她，就想到失去的……」所以決定和她離婚。因為生命中，已經沒有什麼是不能失去的，所以廖智克服肢體障礙，以《鼓舞》之舞，站上央視舞台，用生命故事撫慰無數心靈。二〇一三年雅安地震，她更是身先士卒，投入救災行列，被稱為「最美麗的志工」。

那次兩岸公益論壇，趙怡促成廖智與來自台灣的勇者唐峰正交流。唐峰正一歲失怙，母親離家，又因小兒痲痺導致重度身障，但他從困頓中站立起來，更創辦自由空間基金會，大力推廣全民通用生活設計的先進觀念，經常受邀赴世界各國演講，分享通用空間與行善最樂的經驗！趙怡強調，「人間有情，生活無礙」，也是永慶慈善基金會，近年來所提倡的「無障礙空間」目標。

來自貴州的藝人孔維，這次在論壇上，發表幫助少數民族孩童的「傳夢計畫」。孔維說，二〇一二年底，她聽到家鄉貴州幾個孩子，因貧困集體悶死在垃圾桶裡的事情，受到極大的觸動。她說：「我不想等待，我也不再推諉，我要站出來做一點什麼……」令人感動的是，孔維發表完「教育扶貧計畫」後，趙怡的二哥趙靖，馬上捐了一萬元人民幣，作為孔維所推動的「資教工程」教育基金。趙二哥熱心公益，為此次「公益論壇」，增添溫馨感人的亮點！

趙怡認為，人民團體是國家進步的推手，慈善機構則是社會的良心。每年夏季，海峽兩岸公益界人士相約出席公益論壇，彼此交換心得，溝通意見，研討案例。看到這一批善心的菁英賢達，為了促進己身所從出的家園邁入真善美的圓滿境界而奔走，實深感動。

「台灣社會其實充滿了真、善、美，引進台灣在公益方面的成就，相信能為崛起中的大陸助一臂之力，我很期待兩岸一同分享公益活動所帶來的社會和諧！」趙怡強調：「兩岸關係不能長期建立在『讓利惠台』的基調上，我們也可以引進台灣的優勢元素到大陸，以追求平等互惠雙贏！」趙怡也認為，真正的公益是建立在需求之上，「讓一顆心靈震撼另一顆心靈」。

時報悅讀 16

家國如斯：趙怡兩岸札記之三

作　者—趙　怡
主　編—王瑤君
責任編輯—李貞怡、謝翠鈺
行銷企劃—曾睦涵
封面設計—林芷伊
排　版—辰皓國際出版製作有限公司
製作總監—蘇清霖
發 行 人—趙政岷
出 版 者—時報文化出版企業股份有限公司
10803台北市和平西路三段二四〇號七樓
發行專線—（〇二）二三〇六六八四二
讀者服務專線—〇八〇〇二三一七〇五
（〇二）二三〇四七一〇三
讀者服務傳真—（〇二）二三〇四六八五八
郵撥—一九三四四七二四時報文化出版公司
信箱—台北郵政七九～九九信箱
時報悅讀網—http://www.readingtimes.com.tw
法律顧問—理律法律事務所　陳長文律師、李念祖律師
印　刷—家佑印刷有限公司
初版一刷—二〇一八年一月十九日
定　價—新台幣二八〇元
行政院新聞局局版北市業字第80號
（缺頁或破損的書，請寄回更換）

時報文化出版公司成立於一九七五年，
並於一九九九年股票上櫃公開發行，於二〇〇八年脫離中時集團非屬旺中，
以「尊重智慧與創意的文化事業」爲信念。

家國如斯：趙怡兩岸札記之三 / 趙怡作. --
初版. -- 臺北市：時報文化, 2018.01
面；　公分. -- (時報悅讀；16)

ISBN 978-957-13-7251-8(平裝)

1.言論集　2.時事評論

078　　　　106022924

ISBN 978-957-13-7251-8
Printed in Taiwan